# Caixa Econômica Federal CEF

TÉCNICO BANCÁRIO

Questões comentadas

*Diego de Oliveira Silva*

*Eduardo J. S. Vidal Filho*

# Caixa Econômica Federal CEF

TÉCNICO BANCÁRIO
Questões comentadas

2024

EDITORA JusPODIVM
www.editorajuspodivm.com.br

EDITORA *Jus*PODIVM
www.editorajuspodivm.com.br

Rua Canuto Saraiva, 131 – Mooca – CEP: 03113-010 – São Paulo – São Paulo
Tel: (11) 3582.5757
Contato: www.editorajuspodivm.com.br/central-de-relacionamento



**Capa e Diagramação:** Maitê Coelho e Cendi Coelho *(cendicoelho@gmail.com)*

S586c Silva, Diego de Oliveira
Caixa Econômica Federal CEF - Técnico Bancário - Questões Comentadas / Diego de Oliveira Silva e Eduardo Jorge da Silva Vidal Filho. - São Paulo: Editora JusPodivm, 2024.

128 p.

Inclui Bibliografia
ISBN: 978-85-442-5143-0

1. Prova e Concursos. 2. Caixa Econômica Federal. 3. Sistema de Pagamento. 4. Contas. 5. *Internet Banking*. I. Silva, Diego de Oliveira. II. Vidal Filho, Eduardo Jorge da Silva. III. Título.

CDD 341.33312

Bibliotecária responsável:
Ana Carolina Ribeiro Mois – CRB7 – RJ 007348/0

# APRESENTAÇÃO DA OBRA

Obra elaborada com o objetivo de aprimorar os estudos em conhecimentos bancários conforme o edital do concurso Caixa 2024.

Este livro possui resumo atualizado dos principais conteúdos de conhecimentos bancários, com questões de concursos anteriores resolvidas, preparando o candidato para os desafios da banca examinadora.

# SUMÁRIO

# SISTEMA FINANCEIRO NACIONAL

O conceito de Sistema Financeiro Nacional (SFN) pode ser definido como: Conjunto de instituições financeiras e instrumentos financeiros que visam transferir recursos dos agentes econômicos, que podem ser pessoas físicas, jurídicas ou o próprio governo, em condição de agentes superavitários para os agentes deficitários, promovendo o que se conhece como intermediação financeira.

O principal ramo do SFN possui quatro tipos de mercado:

| | |
|---|---|
| Mercado monetário: é o mercado que fornece à economia papel-moeda e moeda escritural, aquela depositada em conta-corrente. | Mercado de crédito: é o mercado que fornece recursos para o consumo das pessoas em geral e para o funcionamento das empresas. |
| Mercado de capitais: é o mercado que permite às empresas em geral captar recursos de terceiros e, portanto, compartilhar os ganhos e os riscos. | Mercado de câmbio: é o mercado de compra e venda de moeda estrangeira. |

Elaborado pelo autor

Os órgãos normativos são o Conselho Monetário Nacional (CMN), o Conselho Nacional de Seguros Privados (CNSP) e o Conselho Nacional de Previdência Complementar (CNPC).

**Conselho Monetário Nacional**

| BCB | CVM |
|---|---|
| Banco e Caixas Econômicas;<br>Administradoras de Consórcios;<br>Cooperativas de Crédito;<br>Corretoras e Distribuidoras;<br>Instituições de Pagamento;<br>Demais Instituições não bancárias | Bolsas de Valores;<br>Bolsas de Mercadorias e Futuros |

Elaborado pelo autor

O Conselho Monetário Nacional possui como finalidade principal a formulação de toda a política de moeda e do crédito, objetivando atender aos interesses econômicos e sociais do país.

**Compete ao Conselho Monetário Nacional**

- Fixar diretrizes e as normas da política cambial;
- Regulamentar as operações de câmbio;
- Controlar a paridade da moeda e o equilíbrio do Balanço de Pagamentos;
- Regulamentar as taxas de juros;
- Regular a constituição e o funcionamento das instituições financeiras;
- Fixar índices de encaixe, capital mínimo e normas de contabilização;
- Acionar medidas de prevenção ou correção de desequilíbrios;
- Disciplinar o crédito e orientar na aplicação dos recursos;
- Regular as operações de redesconto e as operações no mercado aberto.

Elaborado pelo autor

As regras definidas pelos órgãos normativos são fundamentais para o correto funcionamento do sistema, para isso as entidades supervisoras trabalham para o cumprimento dessas regras. Os órgãos supervisores são o Banco Central do Brasil

(BCB), a Comissão de Valores Mobiliários (CVM), a Superintendência de Seguros Privados (SUSEP), e a Superintendência Nacional de Previdência Complementar (PREVIC).

O Banco Central do Brasil é o principal executor das orientações do Conselho Monetário Nacional e responsável por garantir o poder de compra da moeda nacional, foi criado pela Lei 4.595/64 e seus objetivos são:

- → Zelar pela adequada liquidez da economia;
- → Manter as reservas internacionais em nível adequado;
- → Estimular a formação de poupança;
- → Zelar pela estabilidade e promover o permanente aperfeiçoamento do sistema financeiro.

As atribuições do Banco Central são:

- Emitir papel-moeda e moeda metálica;
- Executar os serviços do meio circulante;
- Receber recolhimentos compulsórios e voluntários das instituições financeiras e bancárias;
- Realizar operações de redesconto e empréstimo às instituições financeiras;
- Regular a execução dos serviços de compensação de cheques e outros papéis;
- Efetuar operações de compra e venda de títulos públicos federais;
- Exercer o controle de crédito;
- Exercer a fiscalização das instituições financeiras;
- Autorizar o funcionamento das instituições financeiras;
- Estabelecer as condições para o exercício de quaisquer cargos de direção nas instituições financeiras;

– Vigiar a interferência de outras empresas nos mercados financeiros e de capitais; e

– Controlar o fluxo de capitais estrangeiros no país.

A CVM se trata de uma entidade autárquica em regime especial, vinculada ao Ministério da Fazenda (MF), com personalidade jurídica e patrimônio próprios, sendo dotada de autoridade administrativa independente, ausência de subordinação hierárquica, mandato fixo e estabilidade de seus dirigentes além de autonomia financeira e orçamentária. Foi criado pela Lei 6.385/76, com o objetivo de fiscalizar, normatizar, disciplinar e desenvolver o mercado de valores mobiliários no país.

A Superintendência de Seguros Privados (SUSEP) é uma autarquia vinculada ao Ministério da Fazenda, criada pelo Decreto-lei 73, de 1966. Os seguros privados são a área do Sistema Financeiro Nacional que além dos seguros trata de contratos de capitalização e previdência complementar aberta, é a área do SFN que oferece serviço de proteção contra riscos.

**CNSP**

- Se trata do órgão responsável por fixar as diretrizes e normas da política de seguros privados;
- Suas funções são: regular a constituição, organização, funcionamento e fiscalização dos que exercem atividades subordinadas ao SNSP, bem como a aplicação das penalidades previstas; fixar as características gerais dos contratos de seguro, previdência privada aberta, capitalização e resseguro; estabelecer as diretrizes gerais das operações de resseguro; prescrever os critérios de constituição das Sociedades Seguradoras, de Capitalização, Entidades de Previdência Privada Aberta e Resseguradores, com fixação dos limites legais e técnicos das respectivas operações e disciplinar a corretagem de seguros e a profissão de corretor.

**Susep**

- A SUSEP é o órgão responsável pelo controle e fiscalização dos mercados de seguro, previdência privada aberta, capitalização e resseguro;
- Possui diversas atribuições dentre elas podemos destacar:
  - Fiscalizar a constituição, organização, funcionamento e operação das Sociedades Seguradoras;
  - Promover a estabilidade dos mercados sob sua jurisdição;
  - Disciplinar e acompanhar os investimentos daquelas entidades, em especial os efetuados em bens garantidores de provisões técnicas.

**Operadores**

- Seguradoras e Resseguradoras;
- Entidades abertas de previdência;
- Sociedades de capitalização.

Elaborado pelo autor

A PREVIC se trata de uma entidade governamental autônoma sua forma de constituição é autarquia especial vinculada ao Ministério da Previdência Social. Sua instituição ocorreu pela Lei nº 12.154/09, com a finalidade de fiscalizar e supervisionar as entidades fechadas de previdência complementar e de executar políticas para o regime de previdência complementar. A área de previdência fechada possui como público os funcionários de empresas e organizações. O ramo dos fundos de pensão trata de planos de aposentadoria, poupança ou pensão para funcionários de empresas, servidores públicos e integrantes de associações ou entidades de classe.

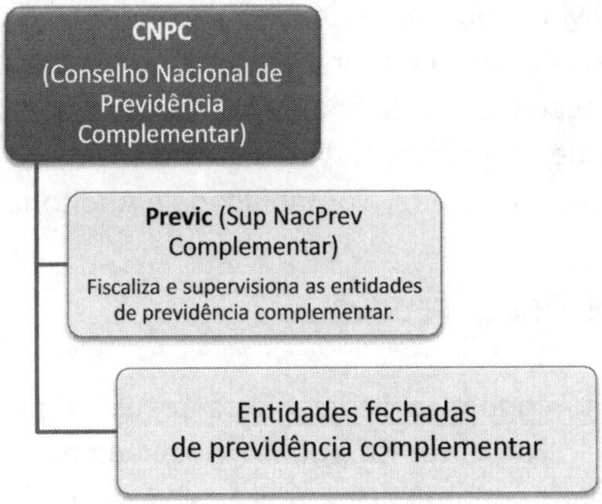


Elaborado pelo autor

Aquelas instituições que trabalham diretamente com o público são conhecidas como operadores, fazendo o papel de intermediário financeiro. Estão vinculadas ao BCB: os bancos e caixas econômicas, as administradoras de consórcios, as cooperativas de crédito, as corretoras e distribuidoras, as instituições de pagamento e demais instituições não bancárias. Vinculadas a Comissão de Valores Mobiliários (CVM) estão a bolsa de valores e a bolsa de mercadorias e futuros. Sobre a responsabilidade da Superintendência de Seguros Privados (SUSEP) estão as seguradoras e resseguradoras, entidades abertas de previdência e sociedades de capitalização. A Superintendência Nacional de Previdência Complementar (PREVIC) possui responsabilidade sobre as entidades fechadas de previdência complementar (fundos de pensão).

## TESOURO NACIONAL

Citado como o "caixa do governo", ou suas disponibilidades o Tesouro Nacional representa o conjunto dos meios financeiros à disposição de um Estado. A Secretaria do Tesouro Nacional que foi instituída pelo decreto 92.452/86 é o órgão que faz a gestão da dívida pública. Pertence a estrutura básica do Ministério da Fazenda como um dos órgãos centrais de planejamento, coordenação e controle financeiro. Trata-se do órgão central do Sistema de Programação Financeira do Tesouro Nacional e Administração Financeira, Contabilidade e Auditoria.

## CAIXA ECONÔMICA FEDERAL

A Caixa Econômica Federal está regulada pelo Decreto-Lei 759/69, como empresa pública vinculada ao Ministério da Fazenda, sendo atualmente a única caixa econômica no país. Possui algumas características dos bancos comerciais, como a captação de depósitos à vista, além de realizar operações ativas e efetuar prestação de serviços.

A Caixa deve dar prioridade à concessão de empréstimos e financiamentos a programas e projetos nas áreas de assistência social, saúde, educação, trabalho, transportes urbanos e esporte. Pode operar com crédito direto ao consumidor, financiando bens de consumo duráveis, emprestar sob garantia de penhor industrial e caução de títulos. Outra característica que diverge a CEF dos demais bancos é que ela possui o monopólio do empréstimo sob penhor de bens pessoais e sob consignação e tem o monopólio da venda de bilhetes de loteria federal (conhecidas popularmente por casas lotéricas ou somente loterias).

A Caixa Econômica Federal possui a centralização e aplicação dos recursos do Fundo de Garantia do Tempo de Serviço, o FGTS, integra o Sistema Brasileiro de Poupança e Empréstimo (SBPE) e o Sistema Financeiro da Habitação (SFH), mostrando o quanto a Caixa é importante no cenário econômico e social do Brasil.

## Estatuto social da CEF

A CEF terá Assembleia Geral e os seguintes órgãos estatutários: Conselho de Administração; Diretoria Executiva, com até 38 (trinta e oito) membros, sendo composta pelo Presidente da CEF, por até 12 Vice-Presidentes e até 25 Diretores Executivos, que se organizam em Conselho Diretor, Conselho de Administração e Gestão de Ativos de Terceiros e Conselho de Fundos Governamentais e Loterias; Conselho Fiscal; Comitê de Auditoria; Comitê de Pessoas, Elegibilidade, Sucessão e Remuneração; e Comitê Independente de Riscos.

A CEF será administrada pelo Conselho de Administração e pela Diretoria Executiva, de acordo com as atribuições e poderes conferidos pela legislação aplicável e pelo presente Estatuto. O Presidente da CEF será nomeado e destituído, ad nutum, pelo Presidente da República. Os membros da Diretoria Executiva ficam impedidos do exercício de atividades que configurem conflito de interesse, observados a forma e o prazo estabelecidos na legislação pertinente.

O Conselho de Administração é o órgão de deliberação estratégica e colegiada da CEF e deve exercer suas atribuições considerando os interesses de longo prazo da CEF, os impactos decorrentes de suas atividades na sociedade e no meio ambiente e os deveres fiduciários de seus membros, em alinhamento ao disposto em lei.

O Conselho de Administração será composto por oito conselheiros, eleitos pela Assembleia Geral, a saber: seis conselheiros indicados pelo Ministro de Estado da Economia, dentre eles incluídos os membros independentes; o Presidente da CEF, como membro nato, que não poderá assumir a Presidência do Conselho de Administração, mesmo que interinamente; e um conselheiro representante dos empregados na forma da Lei nº 12.353/10.

A Diretoria Executiva é órgão colegiado executivo de administração e responsável pela gestão e representação, cabendo-lhe assegurar o funcionamento regular da CEF em conformidade com a orientação geral traçada pelo Conselho de Administração.

> **DICA DO AUTOR:** o conselho de administração, os demais conselhos e a diretoria executiva possuem diferentes atribuições, sendo formadas por número diferente de participantes. A banca organizadora pode apresentar atribuições de um conselho e mencionar a quantidade de participantes da diretoria com o objetivo de confundir o candidato.

A Auditoria Interna da CEF vincula-se diretamente ao Conselho de Administração e se sujeita à orientação normativa e supervisão técnica do Sistema de Controle Interno do Poder Executivo. Serão enviados relatórios trimestrais ao Comitê de Auditoria sobre as atividades desenvolvidas pela área de auditoria interna. As áreas de Conformidade e de Gerenciamento de Riscos ficarão sob a supervisão direta do Vice-Presidente Riscos, vinculado à Presidência da CEF, e podendo ter outras competências na forma da lei, normas e deste Estatuto. A gestão da integridade será conduzida pelo Diretor Executivo responsável pela área de Controles Internos.

**(TÉCNICO BANCÁRIO NOVO – CEF – 2010 – CESPE\UNB – CADERNO ECHO)**

***(Intermediário)*** Assinale a opção correta acerca do mercado financeiro.

A) As operações de *hot money, vendor finance* e créditos rotativos constituem instrumentos típicos de atuação dos bancos comerciais no mercado monetário.

B) As operações do mercado interfinanceiro são destinadas a atender ao fluxo de recursos demandado pelas instituições financeiras e são lastreadas em certificados de depósitos bancários.

C) Nas operações de crédito direto ao consumidor, as instituições financeiras estão desobrigadas de informar previamente ao cliente o custo efetivo total.

D) É de competência privativa do BACEN a formulação das normas que disciplinam o crédito em todas as suas modalidades e as operações creditícias em todas as suas formas.

E) Os percentuais de recolhimento compulsório a que as instituições financeiras estão sujeitas podem variar em função das regiões geoeconômicas.

Alternativa A: INCORRETA. A captação de depósitos à vista, livremente movimentáveis, é atividade típica do banco comercial, o qual pode também captar depósitos a prazo.

Alternativa B: INCORRETA. O Sistema de Pagamentos Brasileiro apresenta segmentação. O Selic liquida operações com títulos públicos federais em tempo real. A Cetip registra derivativos de balcão e títulos de renda fixa privados, além da custódia de títulos de dívida corporativa e de alguns títulos de dívida pública. Participam também a câmara de ativos e de ações da BM&FBOVESPA. CIP passou a operar o Sistema Central de Cessão de Crédito (C3). Verifica-se então, que as operações do mercado interbancário não são lastreadas por CDB´s.

Alternativa C: INCORRETA. Conforme Resolução 3.517/2007 do BACEN no seu Art. 1º: As instituições financeiras e as sociedades de arrendamento mercantil, previamente à contratação de operações de crédito e de arrendamento mercantil financeiro com pessoas físicas, devem informar o custo total da operação, expresso na forma de taxa percentual anual (...) § 1º O custo total da operação mencionado no caput será denominado Custo Efetivo Total (CET).

Alternativa D: INCORRETA. É de competência do Banco Central, formular, acompanhar e controlar, de acordo com as diretrizes estabelecidas pelo Conselho Monetário Nacional (CMN) a política monetária, cambial e de crédito, entre outros.

Alternativa E: CORRETA. Os bancos múltiplos com carteira comercial, os bancos comerciais e a Caixa Econômica Federal devem manter aplicados, em operações de crédito destinadas à população de baixa renda e a microempreendedores, valor correspondente a, no mínimo, 2% (dois por cento) dos saldos dos depósitos à vista captados pela instituição.

**(TÉCNICO BANCÁRIO NOVO – CEF – 2010 – CESPE\UNB – CADERNO LIMA)**

***(Difícil)*** Assinale a opção correta quanto aos instrumentos empregados pelo BACEN para a condução da política monetária.

A) Em virtude da proibição constitucional de financiamento ao Tesouro Nacional, é vedado ao BACEN efetuar operações de compra e venda de títulos públicos federais no mercado secundário.

B) Faculta-se a qualquer instituição financeira o acesso ao Redesconto do BACEN.

C) É vedado ao BACEN conceder empréstimos em moeda estrangeira.

D) A adoção de recolhimentos compulsórios justifica-se apenas por seus efeitos indiretos sobre as taxas de juros, visto que tais recolhimentos não afetam os meios de pagamento nem o multiplicador bancário.

E) A possibilidade de manipulação das taxas de juros de curto prazo e o controle diário da oferta de moeda são efeitos da utilização de operações de mercado aberto.

Alternativa A: INCORRETA. Os títulos públicos federais são instrumentos financeiros de renda fixa (pré-fixados ou pós-fixados) emitidos pelo Governo Federal para obtenção de recursos junto à sociedade, com o objetivo primordial de financiar suas despesas. A venda de títulos públicos acontece no mercado primário.

Alternativa B: INCORRETA. Conforme Resolução 2.949/2002 no seu art. 1º Autorizar o Banco Central do Brasil a instituir mecanismo de Redesconto do Banco Central (...) créditos e de direitos creditórios integrantes do ativo dos bancos comerciais, das caixas econômicas e dos bancos de investimento e múltiplos titulares de conta Reservas Bancárias.

Alternativa C: INCORRETA. Swap é um instrumento derivativo que permite a troca de rentabilidade dos ativos. A operação de compra de swap cambial pelo Banco Central é chamada de swap cambial tradicional, e a operação de venda desses contratos é denominada swap cambial reverso.

Alternativa D: INCORRETA. Os depósitos compulsórios influenciam o multiplicador monetário, ampliando ou reduzindo o volume de recursos que os bancos podem transformar em crédito para a economia e, dessa forma, controlam a expansão dos agregados monetários.

Alternativa E: CORRETA. O BCB atua na compra e venda de títulos públicos federais existentes no mercado, para administrar a oferta de moeda ou a taxa de juros. Essas operações realizadas pelo BCB denominam-se operações de mercado aberto e são realizadas no mercado secundário de títulos, tendo como contraparte as instituições financeiras.

As operações de mercado aberto (OMA) são operações de compra e venda, seja definitivamente ou de forma compromissada, de títulos no mercado secundário. As operações de mercado aberto são o principal instrumento utilizado pelo BC para regular a disponibilidade e o custo das reservas bancárias, de forma a manter a taxa básica de juros (taxa SELIC) de acordo com a meta estabelecida pelo COPOM.

São elaborados diariamente mapas pelo Departamento de Operações do Mercado Aberto, o DEMAB, onde são abordados os principais fatores que impactam nas condições de liquidez no mercado de reservas bancárias.

**(TÉCNICO BANCÁRIO NOVO - CEF - 2010 - CESPE\UNB - CADERNO LIMA)**

***(Fácil)*** Junto ao CMN funciona a Comissão Consultiva de

A) Mercado de Títulos e Valores Mobiliários.

B) Cooperativas de Crédito.

C) Mercado de Capitais.

D) Comércio e Indústria.

E) Serviços Financeiros.

Alternativa A: INCORRETA. O mercado de Títulos não aparece em nenhuma das leis que falam sobre as comissões já o de valores mobiliários consta na Lei 9.069/95.

Alternativa B: INCORRETA. As cooperativas de crédito não estão presentes nas leis que tratam das comissões.

Alternativa C: CORRETA. Segundo a Lei 4.595/64, funcionam junto ao CMN cinco comissões consultivas:

I - bancária;

II - de mercado de capitais;

III - de crédito rural;

IV - das Instituições Financeiras Públicas Estaduais ou Municipais, que operem em crédito rural;

V - crédito industrial.

Na Lei 9.069/95 Art. 11 Funcionarão, também, junto ao Conselho Monetário Nacional, as seguintes Comissões Consultivas:

I - de Normas e Organização do Sistema Financeiro;

II - de Mercado de Valores Mobiliários e de Futuros;

III - de Crédito Rural;

IV - de Crédito Industrial;

V - de Crédito Habitacional, e para Saneamento e Infraestrutura Urbana;

VI - de Endividamento Público;

VII - de Política Monetária e Cambial

Alternativa D: INCORRETA. Nas leis consta crédito industrial e não indústria, cuidado pra não confundir.

Alternativa E: INCORRETA. Não foi possível identificar na legislação vigente à época da prova situação que tornasse a alternativa válida, portanto não possuem comissão consultivas.

**(TÉCNICO BANCÁRIO NOVO – CEF – 2010 – CESPE\UNB – CADERNO LIMA)**

***(Intermediário)*** Instituições financeiras estrangeiras somente podem funcionar no país mediante prévia autorização formalizada em

A) portaria da Superintendência de Seguros Privados.

B) normativo do BACEN.

C) decreto do Poder Executivo.

D) normativo da CVM.

E) resolução do Conselho Federal de Contabilidade.

Alternativa A: INCORRETA. A Superintendência de Seguros Privados (SUSEP) é uma autarquia da Administração Pública Indireta Federal brasileira, com sede no Rio de Janeiro, responsável pela autorização, controle e fiscalização dos mercados de seguros, previdência complementar aberta, capitalização e resseguros no Brasil.

Alternativa B: INCORRETA. O BACEN autoriza o funcionamento de instituições financeiras, mais não internacionais.

Alternativa C: CORRETA. Somente decreto do Poder Executivo pode autorizar o funcionamento de instituições financeiras estrangeiras.

Alternativa D: INCORRETA. Disciplinam o funcionamento do mercado de valores mobiliários e a atuação de seus protagonistas.

Alternativa E: INCORRETA. As resoluções são um dos mecanismos que regulam a profissão contábil.

**(TÉCNICO BANCÁRIO NOVO – CEF – 2010 – CESPE\UNB – CADERNO LIMA)**

***(Fácil)*** Quanto aos mercados financeiros, assinale a opção correta.

A) O desconto de títulos é uma operação típica do mercado de crédito por meio da qual o cliente adianta recursos ao banco, que, em contrapartida, assume a responsabilidade pelo pagamento da duplicata ou da nota promissória no seu vencimento.

B) De acordo com a legislação vigente, compete ao BACEN intervir no mercado monetário por meio da negociação de títulos próprios no mercado aberto e da concessão de empréstimos ao Tesouro Nacional.

C) Cabe ao BACEN e à Comissão de Valores Mobiliários (CVM) estabelecer normas que disciplinem as atividades das bolsas de valores e dos corretores de fundos públicos.

D) O mercado monetário, estruturado para conferir liquidez à economia, caracteriza-se por operações de longo prazo que utilizam como referência principal a taxa de câmbio.

E) O CMN pode limitar, sempre que necessário, a remuneração de operações e serviços bancários e financeiros.

Alternativa A: INCORRETA. O desconto de títulos ou duplicatas é um adiantamento de recursos, feito pelo banco, sobre os valores dos respectivos títulos (duplicatas ou notas promissórias). Neste tipo de operação, o cliente recebe antecipadamente valor correspondente às suas vendas a prazo, com o compromisso de pagamento futuro.

Alternativa B: INCORRETA. O BACEN é vedado de conceder empréstimos direta ou indiretamente ao tesouro nacional de acordo com a legislação vigente.

Alternativa C: INCORRETA. Cabe apenas a Comissão de Valores Mobiliários.

Alternativa D: INCORRETA. Mercado monetário é um componente do mercado financeiro, relativo à concessão de empréstimos de curto prazo, com prazos de vencimento inicial de um ano ou menos.

Alternativa E: CORRETA. L Conforme lei 4.595/64 o CMN Limita, sempre que necessário, as taxas de juros, descontos comissões e qualquer outra forma de remuneração de operações e serviços bancários ou financeiros, inclusive os prestados pelo Banco Central da República do Brasil, assegurando taxas favorecidas aos financiamentos que se destinem a promover.

**(TÉCNICO BANCÁRIO NOVO – CEF – 2010 – CESPE\UNB – CADERNO LIMA)**

***(Fácil)*** A execução dos serviços bancários de interesse do governo federal, assim como de interesse de suas autarquias, cabe, principalmente:

A) ao BACEN.
B) ao Banco do Brasil S.A.
C) ao Banco Nacional do Desenvolvimento Tributário e Financeiro.
D) à CVM.
E) aos bancos cooperativos.

Alternativa A: INCORRETA. O Banco Central do Brasil, criado pela Lei 4.595/1964, é uma autarquia federal, vinculada ao Ministério da Fazenda, que tem por missão assegurar a estabilidade do poder de compra da moeda e um sistema financeiro sólido e eficiente. Entre as suas atividades principais destacam-se: a condução das políticas monetária, cambial, de crédito, e de relações financeiras com o exterior; a regulação e a supervisão do Sistema Financeiro Nacional (SFN); e a administração do sistema de pagamentos e do meio circulante. O Banco Central do Brasil atua também como Secretaria-Executiva do Conselho Monetário Nacional (CMN) e torna públicas as Resoluções do CMN.

Alternativa B: CORRETA. O Banco do Brasil na condição de banco múltiplo onde possui como principal acionista o Governo Federal executa diversos serviços bancários, atuando em diversas áreas da economia de acordo com os interesses de seus acionistas.

Alternativa C: INCORRETA. Esse banco não existe. Cuidado para não confundir com o BNDES – Banco Nacional de Desenvolvimento Econômico e Social.

Alternativa D: INCORRETA. A Comissão de Valores Mobiliários (CVM) tem a finalidade de disciplinar e fiscalizar o mercado de valores mobiliários, aplicando punições àqueles que descumprem as regras estabelecidas.

Alternativa E: INCORRETA. O Banco Cooperativo é um banco comercial ou banco múltiplo constituído, obrigatoriamente, com carteira comercial. Diferencia-se dos demais por ter como acionistas controladores cooperativas centrais de crédito, as quais devem deter no mínimo 51% das ações com direito a voto. O Banco Cooperativo oferece produtos e serviços financeiros às cooperativas, ampliando e criando novas possibilidades de negócios e gestão centralizada dos recursos financeiros do sistema. Desta forma, as cooperativas de crédito contam com uma linha completa de cartões de crédito, poupança, cobrança bancária, linhas de créditos de recursos repassados por instituições governamentais, fundos de investimentos, entre outros, em condições significativamente competitivas.

**(TÉCNICO BANCÁRIO NOVO – CEF – 2010 – CESPE\UNB – CADERNO LIMA)**

***(Intermediário)*** No Brasil, as instituições financeiras públicas são consideradas:

A) entidades prestadoras de serviços do BACEN.

B) órgãos executores da política de investimentos do governo federal.

C) entidades responsáveis pela execução da política tributária dos governos.

D) órgãos auxiliares da execução da política de crédito do governo federal.

E) entidades fiscalizadoras do Sistema Financeiro Nacional.

Alternativa A: INCORRETA. Os bancos comerciais são instituições financeiras privadas ou públicas que têm como objetivo principal proporcionar suprimento de recursos necessários para financiar, a curto e a médio prazos, o comércio, a indústria, as empresas prestadoras de serviços, as pessoas físicas e terceiros em geral. A captação de depósitos à vista, livremente movimentáveis, é atividade típica do banco comercial, o qual pode também captar depósitos a prazo. Deve ser constituído sob a forma de sociedade anônima e na sua denominação social deve constar a expressão "Banco" (Resolução CMN 2.099, de 1994).

Alternativa B: INCORRETA. Nesta situação a instituição financeira pública pode ser não federal, ou seja pertencente a outro ente público.

Alternativa C: INCORRETA. A política tributária pode ser entendida como conjunto de ações tributárias integradas, sejam elas fiscais ou não fiscais. Sendo assim podemos verificar claramente que seu conceito difere do conceito das instituições financeiras que não tributam contribuintes.

Alternativa D: CORRETA. Segundo Lei 4.595 de 31 de Dezembro de 1964 Art. 22 As instituições financeiras públicas são órgãos auxiliares da execução da política de crédito do Governo Federal.

Alternativa E: INCORRETA. Banco Central do Brasil (BACEN), Comissão de Valores Mobiliários (CVM), Superintendência de Seguros Privados (SUSEP), Superintendência Nacional de Previdência Complementar (PREVIC).

**(TÉCNICO BANCÁRIO NOVO – CEF – 2010 – CESPE\UNB – CADERNO ECHO)**

**(Intermediário)** O CMN possui diversas competências. Segundo diretrizes estabelecidas pelo presidente da República, é competência do CMN:

A) colaborar com a Câmara dos Deputados na instrução dos processos de empréstimos externos dos estados, do Distrito Federal e dos municípios.

B) determinar a porcentagem mínima dos recursos que as instituições financeiras poderão emprestar a um mesmo cliente ou grupo de empresas.
C) expedir normas gerais de contabilidade e estatística a serem observadas pelas instituições financeiras.
D) baixar normas que regulem as operações internacionais, inclusive swaps, fixando limites, taxas, prazos e outras condições.
E) aprovar o regimento interno e as contas do Conselho Federal de Contabilidade e decidir sobre seu orçamento e sobre seus sistemas de contabilidade.

Alternativa A: INCORRETA. Segundo Art. 4º da lei 4.595/64, XXIX - Colaborar com o Senado Federal, na instrução dos processos de empréstimos externos dos Estados, do Distrito Federal e dos Municípios, para cumprimento do disposto no art. 63, nº II, da Constituição Federal.

Alternativa B: INCORRETA. Segundo Art. 4º da lei 4.595/64, X - Determinar a percentagem máxima dos recursos que as instituições financeiras poderão emprestar a um mesmo cliente ou grupo de empresas.

Alternativa C: CORRETA. Segundo Art. 4º da lei 4.595/64, XII - Expedir normas gerais de contabilidade e estatística a serem observadas pelas instituições financeiras.

Alternativa D: INCORRETA. Segundo Art. 4º da lei 4.595/64, XXXI - Baixar normas que regulem as operações de câmbio, inclusive swaps, fixando limites, taxas, prazos e outras condições.

Alternativa E: INCORRETA. Segundo Art. 4º da lei 4.595/64, XXVII - aprovar o regimento interno e as contas do Banco Central do Brasil e decidir sobre seu orçamento e sobre seus sistemas de contabilidade, bem como sobre a forma e prazo de transferência de seus resultados para o Tesouro Nacional, sem prejuízo da competência do Tribunal de Contas da União.

**(TÉCNICO BANCÁRIO NOVO – CEF – 2010 – CESPE\UNB – CADERNO ECHO)**

***(Fácil)*** As competências privativas do BACEN incluem:

A) o exercício da fiscalização das instituições financeiras, sem, contudo, aplicar-lhes penalidades.
B) a concessão de autorização às instituições financeiras para arquivarem os seus estatutos na junta comercial.
C) a realização de operações de redesconto e empréstimos a instituições financeiras bancárias.
D) a emissão de debêntures conversíveis em ações.
E) a definição da tributação das operações financeiras.

Alternativa A: INCORRETA. O BACEN segundo a lei 4.595/64 exerce a fiscalização das instituições financeiras e pode aplicar as penalidades previstas.

Alternativa B: INCORRETA. O Banco Central possui algumas atribuições segundo lei 4.595/64, compete ao mesmo conceder autorização as instituições financeiras dentre elas está a alteração do seu estatuto, porém não existe menção a autorização expedida pelo BCB para arquivamento de estatuto na junta comercial.

Alternativa C: CORRETA. Segundo o artigo 10 da lei 4.596/64 Realizar operações de redesconto e empréstimos a instituições financeiras bancárias. Está entre as competências privativas de BACEN.

Alternativa D: INCORRETA. Entre as espécies de debêntures emitidas no Brasil, encontram-se as debêntures conversíveis em ações, que se diferenciam das demais apenas por possuírem clausulas que as permitem serem convertidas em ações da empresa (sociedades anônimas), tornando o debenturista, acionista da empresa, passível até de negociar as ações na bolsa de valores. Essa emissão é realizada pelas próprias sociedades anônimas.

Alternativa E: INCORRETA. Não estão incluídas nas atribuições do BCB segundo a lei 4.595/64 a definição da tributação das operações financeiras, cabendo ao poder executivo, cabendo ao ministério da fazenda todos os assuntos relacionados à administração dos recursos públicos, assim como as regras de condução e fiscalização de operações de crédito, arrecadação tributária federal, preços e tarifas públicas, seguros, consórcio e previdência privada.

**(TÉCNICO BANCÁRIO NOVO – CEF – 2012 - CESGRANRIO – Prova I)**

***(Intermediário)*** Na composição do Sistema Financeiro, as principais instituições estão constituídas sob a forma de banco múltiplo, que oferece ampla gama de serviços bancários. Uma das funções básicas dos bancos comerciais é a:

A) atuação centrada nos mercados de câmbio, nos títulos públicos e privada, nos valores mobiliários e nas mercadorias e futuros.

B) concessão de crédito aos cooperados, quase sempre produtores rurais.

C) concessão de financiamento de longo prazo para a realização de investimentos em todos os segmentos da economia nacional, com baixas taxas de juros.

D) captação de depósitos à vista e de depósitos de poupança.

E) captação dos depósitos do Fundo de Garantia por Tempo de Serviço (FGTS).

Alternativa A: INCORRETA. As funções citadas são características dos bancos de câmbio e das corretoras e distribuidoras de títulos e valores mobiliários.

Alternativa B: INCORRETA. A função aqui mencionada se refere as cooperativas de crédito, que é uma instituição formada pela associação de pessoas para prestar serviços financeiros exclusivamente aos seus associados.

Alternativa C: INCORRETA. Segundo Banco Central uma das características do banco comercial é "financiar, a curto e médio prazo, o comércio, a indústria, as empresas prestadoras de serviços, as pessoas físicas e terceiros em geral", sendo assim a assertiva não corresponde a essa característica.

Alternativa D: CORRETA. Os bancos e caixas econômicas funcionam como operadores do Sistema Financeiro Nacional (SFN). Os bancos múltiplos devem ter ao menos duas carteiras sendo obrigatoriamente uma das carteiras a comercial ou de investimento, as demais carteiras são: desenvolvimento (somente banco público), de crédito imobiliário, de arrendamento mercantil e de crédito, financiamento e investimento; além de serem organizados sob a forma de sociedade anônima.

Caso o banco múltiplo possua a carteira comercial a captação de depósitos à vista, livremente movimentáveis, é atividade típica do banco comercial, o qual pode também captar depósitos a prazo. Segundo dados do BC através de dados do relatório de inclusão financeira nº 3 de 2015, o número de detentores de contas de depósitos à vista no Brasil era de 91,8 milhões no ano de 2012 (ano de realização do concurso), o número de poupadores era de mais de 108 milhões no mesmo período, ou seja, valores significativamente superiores às demais alternativas.

Alternativa E: INCORRETA. A Caixa Econômica Federal centraliza o recolhimento e posterior aplicação de todos os recursos oriundos do Fundo de Garantia do Tempo de Serviço (FGTS). Apesar de tratar-se de instituição assemelhada aos bancos comerciais, os mesmos não aplicam os recursos de FGTS, invalidando a questão.

**(TÉCNICO BANCÁRIO NOVO – CEF – 2012 - CESGRANRIO – Prova I)**

***(Fácil)*** O Sistema Financeiro Nacional é composto por diversas entidades, dentre as quais os órgãos normativos, os operadores e as entidades supervisoras. A entidade responsável pela fiscalização das instituições financeiras e pela autorização do seu funcionamento é o

A) Banco Central do Brasil

B) Conselho Monetário Nacional

C) Fundo Monetário Internacional

D) Conselho Nacional de Seguros Privados

E) Banco Nacional do Desenvolvimento Econômico e Social (BNDES)

Alternativa A: CORRETA. O Banco Central do Brasil - BCB tem como missão institucional a estabilidade do poder de compra da moeda e a solidez do sistema financeiro. As infraestruturas do mercado financeiro desempenham um papel fundamental para o sistema financeiro e a economia de uma forma geral. Seu funcionamento adequado é essencial para a estabilidade financeira e condição necessária para salvaguardar os canais de transmissão da política monetária. Assim, cumpre ao BCB atuar no sentido de promover sua solidez, normal funcionamento e contínuo aperfeiçoamento.

Alternativa B: INCORRETA. O Conselho Monetário Nacional (CMN), que foi instituído pela Lei 4.595, de 31 de dezembro de 1964, é o órgão responsável por expedir diretrizes gerais para o bom funcionamento do SFN. Integram o CMN o Ministro da Fazenda (Presidente), o Ministro do Planejamento, Orçamento e Gestão e o Presidente do Banco Central do Brasil. Dentre suas funções estão: adaptar o volume dos meios de pagamento às reais necessidades da economia; regular o valor interno e externo da moeda e o equilíbrio do balanço de pagamentos; orientar a aplicação dos recursos das instituições financeiras; propiciar o aperfeiçoamento das instituições e dos instrumentos financeiros; zelar pela liquidez e solvência das instituições financeiras; coordenar as políticas monetária, creditícia, orçamentária e da dívida pública interna e externa.

Alternativa C: INCORRETA. O FMI se descreve como "uma organização de 188 países, trabalhando para promover a cooperação monetária global, a estabilidade financeira segura, facilitar o comércio internacional, promover elevados níveis de emprego e crescimento econômico sustentável e reduzir a pobreza em todo o mundo". Os objetivos declarados da organização são promover a cooperação econômica internacional, o comércio internacional, o emprego e a estabilidade cambial, inclusive mediante a disponibilização de recursos financeiros para os países membros para ajudar no equilíbrio de suas balanças de pagamentos. Sua sede fica em Washington, D.C., Estados Unidos.

Alternativa D: INCORRETA. O Conselho Nacional de Seguros Privados (CNSP) é o órgão normativo das atividades de seguros no Brasil, vinculado ao Ministério da Fazenda.

O CNSP foi criado pelo Decreto-Lei nº 73, de 21 de novembro de 1966, diploma que institucionalizou, também, o Sistema Nacional de Seguros Privados, do qual é o órgão de cúpula.

A principal atribuição do Conselho, na época da sua criação, era a de fixar as diretrizes e normas da política governamental para os segmentos de Seguros Privados e Capitalização. Posteriormente, com o advento da Lei nº 6.435, de 15 de julho de 1977, as suas atribuições se estenderam à Previdência Privada, no âmbito das entidades abertas.

Conforme disposto no Art. 1º da Lei nº 8.392, de 30 de dezembro de 1991, o CNSP teve o prazo da vigência para funcionar como órgão Colegiado, prorrogado até à data de promulgação da Lei Complementar de que trata o Art. 192 da Constituição Federal.

Com a edição da Medida Provisória nº 1940-17, do ano 2000, o CNSP teve sua composição alterada, presidido pelo ministro da Fazenda, e composto também por representantes do Ministério da Justiça, Ministério da Previdência Social, superintendente da Superintendência de Seguros Privados (vice-presidente), do Banco Central do Brasil e da Comissão de Valores Mobiliários. Nesse sentido, qualquer infraestrutura de mercado financeiro no Brasil, para funcionar, está sujeito à autorização e à vigilância do BCB, inclusive aqueles que liquidam operações com títulos, valores mobiliários, moeda estrangeira e derivativos financeiros. Ainda cabe ao Banco Central do Brasil, seguindo diretrizes dadas pelo Conselho Monetário Nacional, o papel de regulador, juntamente com a Comissão de Valores Mobiliários, nas suas respectivas esferas de competência.

Alternativa E: INCORRETA. O Banco Nacional de Desenvolvimento Econômico e Social (BNDES) é uma empresa pública federal, com sede no Rio de Janeiro, e cujo principal objetivo é financiar de longo prazo a realização de investimentos em todos os segmentos da economia, de âmbito social, regional e ambiental.

**(TÉCNICO BANCÁRIO NOVO – CEF – 2014 – CESPE\UNB – CADERNO AGENCIA)**

***(Fácil)*** O Brasil segue o regime de metas de inflação. Caso a meta não seja cumprida, o presidente do BCB divulgará publicamente as razões do descumprimento, por meio de carta aberta ao ministro de estado da Fazenda.

Assertiva: CORRETA. O presidente do Banco Central deve divulgar publicamente carta ao Ministro da Fazenda em caso de descumprimento da meta, conforme Decreto 3.088 de 1999, que deve conter os itens: descrição detalhada das causas do descumprimento; as providências para assegurar o retorno da inflação aos limites estabelecidos; e o prazo no qual se espera que as providências produzam efeito.

**(TÉCNICO BANCÁRIO NOVO - CEF - 2014 - CESPE\UNB - CADERNO AGENCIA)**

***(Intermediário)*** As agências de turismo autorizadas a operar com câmbio não fazem parte do SFN, mas fazem parte do universo fiscalizável por parte do BCB.

Assertiva: CORRETA. O Banco Central também concedia autorização para agências de turismo e meios de hospedagem de turismo para operarem no mercado de câmbio. Atualmente, não se concede mais autorização para esses agentes, permanecendo apenas aquelas agências de turismo cujos proprietários pediram ao Banco Central autorização para constituir instituição autorizada a operar em câmbio.

**(TÉCNICO BANCÁRIO NOVO - CEF - 2014 - CESPE\UNB - CADERNO AGENCIA)**

***(Fácil)*** As operações de arrendamento mercantil, por não serem operações de crédito, não fazem parte do escopo de fiscalização do BCB.

Assertiva: INCORRETA. Segundo a Lei 6.099\74 no Art. 7º: "Todas as operações de arrendamento mercantil subordinam-se ao controle e fiscalização do Banco Central do Brasil, segundo normas estabelecidas pelo Conselho Monetário Nacional(...)". O arrendamento mercantil é conhecido popularmente como *Leasing* e possui características próprias, não sendo um financiamento, porém o mesmo é fiscalizado pelo BCB.

**(TÉCNICO BANCÁRIO NOVO - CEF - 2014 - CESPE\UNB - CADERNO AGENCIA)**

***(Fácil)*** O CMN, órgão normativo que estabelece as regras de funcionamento e fiscalização dos entes participantes do SFN, é hierarquicamente subordinado ao BCB.

Assertiva: INCORRETA. Conforme o Decreto 1.307\94 no seu art. 1° "O Conselho Monetário Nacional (CMN) é o órgão superior do Sistema Financeiro Nacional, instituído pela Lei n° 4.595, de 31 de dezembro de 1964, e legislação posterior, e possui a finalidade formular a política da moeda e do crédito, objetivando a estabilidade da moeda e o desenvolvimento econômico e social do País." O presidente do Banco Central é um dos 3 membros do CMN, os demais são o Ministro da Fazenda (presidente) e o Ministro do Planejamento, Desenvolvimento e Gestão.

**(TÉCNICO BANCÁRIO NOVO – CEF – 2012 - CESGRANRIO – Prova I)**

***(Difícil)*** A política monetária enfatiza sua atuação sobre os meios de pagamento, os títulos públicos e as taxas de juros. A política monetária é considerada expansionista quando:

A) Reduz os meios de pagamento, retraindo o consumo e a atividade econômica.

B) Mantém todas as condições macroeconômicas estáveis por longo período.

C) Estabelece diretrizes de expansão da produção do mercado interno para o exterior.

D) Realiza operações de crédito no exterior, aumentando a captação de recursos e, por consequência, os meios de recebimento.

E) Eleva a liquidez da economia, injetando maior volume de recursos nos mercados, elevando, em consequência, os meios de pagamentos.

Alternativa A: INCORRETA. A retração do consumo e da atividade econômica são medidas opostas à política monetária expansionista, podendo ser consideradas medidas de política monetária restritiva.

Alternativa B: INCORRETA. A estabilidade de ações ou medidas por parte do BACEN sob as decisões do COPOM nos leva a crer que não seja possível definir que tipo de política monetária está sendo adotada, portanto podemos considerar a questão incorreta.

Alternativa C: INCORRETA. A redução da taxa básica de juros possui reflexo direto na economia, estimulando o mercado a captar recursos junto a instituições financeiras. O incremento de recursos no mercado teria como uma de suas consequências o aumento da produção, porém o direcionamento desse aumento de produção para o exterior seria a partir de ação estratégica conjunta de outras áreas, como o Ministério da Fazenda e o Ministério das Relações Exteriores.

Alternativa D: INCORRETA. São objetivos do COPOM: estabelecer as diretrizes da política monetária e definir a meta para a taxa básica de juros no Brasil e seu eventual viés. Para isso utilizam-se de operações de mercado aberto para manter-se dentro da meta. As OMA, segundo BACEN, são "operações de compra e venda, de forma definitiva ou compromissa, de títulos no mercado secundário. Essas operações são realizadas por bancos centrais para fins de implementação de política monetária". Desta forma podemos entender que não ocorrem operações de crédito no exterior com o objetivo de realizar uma política monetária expansionista.

Alternativa E: CORRETA. Cabe ao Comitê de Política Monetária, conhecido também como Copom, que se trata do órgão decisório da política monetária do Banco Central do Brasil, realizar medidas de característica expansiva ou restritiva. Dentre as medidas adotadas para que a política monetária seja considerada expansiva podemos citar, a compra de títulos públicos, redução no percentual do recolhimento compulsório e a assistência financeira de liquidez, que consiste na redução dos juros pagos aos bancos pelo BCB assim como o aumento do prazo, estimulando assim a oferta de moeda no mercado.

**(TÉCNICO BANCÁRIO NOVO – CEF – 2012 – CESGRANRIO – Prova I)** ***(Intermediário)*** A gestão da economia visa a atender às necessidades de bens e serviços da sociedade e também a atingir determinados objetivos sociais e macroeconômicos, tais como pleno emprego, distribuição de riqueza e estabilidade de preços. Para que isso ocorra, o governo atua por meio de:

A) Ações fiscais
B) Ações monetárias
C) Políticas econômicas
D) Políticas de relações internacionais
E) Diretrizes fiscais e orçamentárias

Alternativa A: INCORRETA. Ações do governo destinadas a ajustar seus níveis de gastos, assim monitorando e influenciando a economia de um país.

Alternativa B: INCORRETA. Ações que o governo utiliza para controlar o fluxo de dinheiro no país. Desta forma, pode-se dizer que a Política Monetária visa colocar ou retirar moeda do mercado. Dada à dificuldade de controlar os recursos financeiros que estão nas mãos das pessoas, o governo o faz através das instituições financeiras.

Alternativa C: CORRETA. Política econômica é o conjunto de ações governamentais planejadas para atingir determinados objetivos no campo da economia. Todas as políticas são influenciadas por instituições internacionais como o Banco Mundial e FMI. Políticas econômicas têm como objetivos principais o ajuste de alguns indicadores como: Taxa de juros, orçamento governamental, mercado de trabalho, impostos, inflação, redistribuição de renda, expansão monetária, geração de riqueza, balança de pagamentos.

Alternativa D: INCORRETA. As relações internacionais constituem uma disciplina que faz parte das ciências políticas e focam-se nas relações entre os Estados e entre os Estados e outras instituições que pertencem ao sistema internacional. Trata-se de um campo interdisciplinar, onde se combinam a política, o direito, a economia e a história, por exemplo.

Alternativa E: INCORRETA. Compreende as metas e prioridades da administração pública federal, incluindo as despesas de capital para o exercício financeiro subseqüente, orientará a elaboração da lei orçamentária anual, disporá sobre as alterações na legislação tributária e estabelecerá a política de aplicação das agências financeiras oficiais de fomento.

**(TÉCNICO BANCÁRIO NOVO – CEF – 2012 - CESGRANRIO – Prova I)**

***(Difícil)*** No mercado financeiro, a intermediação financeira desenvolve- se de forma segmentada, com base em quatro subdivisões: mercados monetário, cambial, de crédito e de capitais.

O mercado de crédito visa, fundamentalmente,

A) fiscalizar as operações dos seus agentes econômicos.

B) controlar a liquidez da economia com operações de curto e curtíssimo prazos.

C) realizar as operações de compra e venda de moedas internacionais conversíveis.

D) suprir as necessidades de investimentos dos agentes econômicos a médio e longo prazos.

E) suprir as necessidades de caixa de curto e médio prazos dos agentes econômicos, sejam eles pessoas físicas ou jurídicas.

Alternativa A: INCORRETA. O Banco Central do Brasil deve exercer a fiscalização das instituições financeiras e não o mercado de crédito como afirma a questão.

Alternativa B: INCORRETA. Mercado monetário: é o mercado onde se concentram as operações para controle da oferta de moeda e das taxas de juros de curto prazo com vistas a garantir a liquidez da economia. O Banco Central do Brasil atua neste mercado praticando a chamada Política Monetária.

Alternativa C: INCORRETA. Mercado de câmbio: mercado onde são negociadas as trocas de moedas estrangeiras por reais. O Banco Central do Brasil é o responsável pela administração, fiscalização e controle das operações de câmbio e da taxa de câmbio atuando através de sua Política Cambial.

Alternativa D: INCORRETA. Mercado de capitais: tem como objetivo canalizar recursos de médio e longo prazo para agentes deficitários, através das operações de compra e de venda de títulos e valores mobiliários, efetuadas entre empresas, investidores e intermediários. A Comissão de Valores Mobiliários é o

principal órgão responsável pelo controle, normatização e fiscalização deste mercado.
Alternativa E: CORRETA. Mercado de crédito: atuam neste mercado diversas instituições financeiras e não financeiras prestando serviços de intermediação de recursos de curto e médio prazo para agentes deficitários que necessitam de recursos para consumo ou capital de giro. O Banco Central do Brasil é o principal órgão responsável pelo controle, normatização e fiscalização deste mercado.

Conforme definição do BCB este mercado fornece recursos para o consumo das pessoas em geral e para o funcionamento das empresas.

**(TÉCNICO BANCÁRIO NOVO – CEF – 2014 – CESPE\UNB – CADERNO AGENCIA)**

***(Fácil)*** Nas operações de mercado aberto, o BCB emite títulos no mercado primário com o propósito de regular a taxa básica de juros SELIC.

Assertiva: INCORRETA. Define-se "Taxa Selic" como a taxa média ajustada dos financiamentos diários apurados no Sistema Especial de Liquidação e de Custódia para títulos federais. O BCB não faz a regulação da Taxa Selic, pois esta serve como taxa básica para o mercado, inclusive para operações entre bancos que se utilizam de empréstimos de curtíssimo prazo utilizando os títulos públicos federais como lastro. O Comitê de Política Monetária, ou COPOM, estabelece uma meta para a taxa, em reuniões com periodicidade definida.

**(TÉCNICO BANCÁRIO NOVO – CEF – 2014 – CESPE\UNB – CADERNO AGENCIA)**

***(Fácil)*** Os bancos de investimento não recebem depósitos à vista, mas estão sujeitos à regulação do sistema de normas de Basiléia.

Assertiva: CORRETA. Os bancos de investimento não possuem contas correntes e captam recursos via depósitos a prazo, repasses de recursos externos, internos e venda de cotas de fundos de investimento por eles administrados. De acordo com o art. 1° da Resolução 4.192 de 2013, esta estabelece metodologia de cálculo do Patrimônio de Referência (PR), que deve ser apurado pelas instituições financeiras e demais instituições autorizadas a funcionar pelo Banco Central do Brasil, exceto pelas sociedades de crédito ao microempreendedor e à empresa de pequeno porte. Os bancos de investimentos fazem parte das instituições autorizadas a funcionar pelo BCB.

**(TÉCNICO BANCÁRIO NOVO – CEF – 2014 – CESPE\UNB – CADERNO AGENCIA)** ***(Intermediário)*** Os bancos de desenvolvimento possuem, tal como os bancos comerciais, a faculdade de criar moeda na forma de empréstimos bancários.

Assertiva: INCORRETA. Os bancos de desenvolvimento operam com depósitos a prazo, empréstimos externos, emissão ou endosso de cédulas hipotecárias, emissão de cédulas pignoratícias de debêntures e de Títulos de Desenvolvimento Econômico, ou seja, não captam depósitos à vista, com isso não há criação de moeda.

DICA DO AUTOR: Apesar de realizarem financiamentos de médio e longo prazo além de empréstimos o fato de não captar recurso à vista faz com que não aconteça a criação de moeda. As instituições que captam depósitos à vista são: bancos comerciais, bancos múltiplos com carteira comercial, caixas econômicas e cooperativas de crédito.

**(TÉCNICO BANCÁRIO NOVO – CEF – 2014 – CESPE\UNB – CADERNO AGENCIA)** ***(Difícil)*** As cédulas hipotecárias fazem parte das operações ativas das sociedades de crédito imobiliário.

Assertiva: INCORRETA. A Sociedade de Crédito Imobiliário (SCI) é um tipo de instituição financeira especializada no financiamento habitacional, suas operações ativas são: o financiamento para construção de habitações, a abertura de crédito para compra ou construção de casa própria, o financiamento de capital de giro a empresas incorporadoras, produtoras e distribuidoras de material de construção.

As operações passivas são: depósitos em poupança, emissão de letras hipotecárias e depósitos interfinanceiros, além da emissão de cédulas hipotecárias, tornando a questão incorreta.

**(TÉCNICO BANCÁRIO NOVO – CEF – 2014 – CESPE\UNB – CADERNO AGENCIA)** ***(Difícil)*** O financiamento de capital de giro e a subscrição ou aquisição de títulos e valores mobiliários fazem parte das operações ativas dos bancos de investimento.

Assertiva: CORRETA. O financiamento do capital de giro e subscrição ou aquisição de títulos e valores mobiliários, fazem parte das operações ativas, assim como depósitos interfinanceiros e repasses de empréstimos externos, conforme Resolução CMN 2.624/99.

**(TÉCNICO BANCÁRIO NOVO - CEF - 2014 - CESPE\UNB - CADERNO AGENCIA)**

***(Intermediário)*** As debêntures fazem parte das operações passivas das sociedades de arrendamento mercantil.

Assertiva: CORRETA. As operações passivas das sociedades de arrendamento mercantil são: a emissão de debêntures, dívida externa, empréstimos e financiamentos de instituições financeiras.

DICA DO AUTOR: Importante conhecermos também as operações ativas. As principais são operações de arrendamento mercantil de bens móveis, (produzidos no país ou no exterior), as operações de bens imóveis adquiridos pela entidade arrendadora para fins de uso próprio do arrendatário, além dos títulos da dívida pública e cessão de direitos creditórios.

**(TÉCNICO BANCÁRIO NOVO - CEF - 2014 - CESPE\UNB - CADERNO AGENCIA)**

***(Intermediária)*** A CVM é uma entidade privada sem fins lucrativos, com personalidade jurídica e patrimônio próprios, dotada de autoridade administrativa independente.

Assertiva: INCORRETA. A CVM se trata de uma entidade autárquica em regime especial, vinculada ao Ministério da Fazenda, com personalidade jurídica e patrimônio próprios conforme art. 1° da portaria do Ministério da Fazenda 327/77; dotada de autoridade administrativa independente, ausência de subordinação hierárquica, mandato fixo e estabilidade de seus dirigentes, além de autonomia financeira e orçamentária.

**(TÉCNICO BANCÁRIO NOVO - CEF - 2014 - CESPE\UNB - CADERNO AGENCIA)**

***(Fácil)*** Compete à CVM manter o registro de companhias para negociação em bolsa e em mercado de balcão.

Assertiva: CORRETA. Conforme portaria 327/77 em seu Art.6° - Compete à CVM no referente à negociação no mercado:

I - registrar a emissão pública de valores mobiliários para distribuição no mercado;

II - manter registro de companhias para:

a) negociação na Bolsa;

b) negociação no mercado de balcão.

**(TÉCNICO BANCÁRIO NOVO – CEF – 2014 – CESPE\UNB – CADERNO AGENCIA)**

***(Difícil)*** Constitui atribuição do CRSFN julgar a aplicação de multas e custos financeiros associados a recolhimento compulsório.

> Assertiva: CORRETA. O Conselho de Recursos do Sistema Financeiro Nacional (CRSFN) é encarregado de examinar, em último grau recursal na esfera administrativa, as decisões proferidas em processos administrativos sancionadores pelo BACEN, CVM ou no caso de lavagem de dinheiro, as sanções aplicadas pelo COAF e demais autoridades competentes.

**(TÉCNICO BANCÁRIO NOVO – CEF – 2014 – CESPE\UNB – CADERNO AGENCIA)**

***(Fácil)*** O BCB está autorizado a instituir recolhimento compulsório de até 100% sobre os depósitos à vista e de até 60% sobre as demais operações passivas das instituições financeiras.

> Assertiva: CORRETA. O Banco Central tem à sua disposição, segundo a teoria clássica, três instrumentos para a realização da política monetária: operações de mercado aberto, redesconto e recolhimentos compulsórios. Os recolhimentos compulsórios constituem-se em um instrumento à disposição do Banco Central para influenciar a quantidade de moeda na economia. Eles representam uma parcela dos depósitos captados pelos bancos que devem ser mantidos compulsoriamente "esterilizados" no Banco Central.

**(TÉCNICO BANCÁRIO NOVO – CEF – 2014 – CESPE\UNB – CADERNO AGENCIA)**

***(Difícil)*** Operações de redesconto bancário são operações compromissadas realizadas entre o BCB e instituições previamente credenciadas, denominadas *dealers*, com o fim de assistência financeira de liquidez.

> Assertiva: INCORRETA. As operações compromissadas com *dealers* (revendedores em português) são feitas no mercado monetário com compromisso de revenda, assumindo pelo comprador, ou venda com compromisso de recompra, assumindo pelo vendedor.

**(TÉCNICO BANCÁRIO NOVO – CEF – 2014 – CESPE\UNB – CADERNO AGENCIA)**

***(Fácil)*** As operações de mercado aberto são transações, realizadas diariamente, de compra e venda de títulos da dívida pública emitidos pelo BCB com o objetivo de controlar a liquidez do sistema bancário.

Assertiva: INCORRETA. O BACEN não emite títulos, o responsável pela emissão de títulos da dívida pública é o Tesouro Nacional.

**(TÉCNICO BANCÁRIO NOVO - CEF - 2014 - CESPE\UNB - CADERNO AGENCIA)**

***(Intermediário)*** A redução da alíquota do recolhimento compulsório e a compra de títulos em operações de mercado aberto são exemplos da adoção de política monetária expansionista, uma vez que ambas elevam a quantidade de moeda em circulação na economia.

Assertiva: CORRETA. As situações de redução da alíquota do recolhimento compulsório e compra de títulos em operações de mercado aberto aumentam a quantidade de moeda na economia, o que caracteriza a política monetária expansionista. As operações de mercado aberto ou OMA são operações de compra e venda, de forma definitiva ou compromissada de títulos no mercado secundário. Ambas as operações são realizadas por bancos centrais para fins de implementação da política monetária. No Brasil, as OMA´s são o principal instrumento utilizado pelo BC para regular a disponibilidade e o custo das reservas bancárias, de forma a manter a taxa básica de juros, conhecida como taxa SELIC, dentro da meta estabelecida pelo COPOM. Nas suas operações de mercado aberto o BC utiliza exclusivamente títulos públicos federais custodiados no Sistema Especial de Liquidação e Custódia (SELIC).

**(TÉCNICO BANCÁRIO NOVO - CEF - 2014 - CESPE\UNB - CADERNO AGENCIA)**

***(Fácil)*** O Brasil adota, desde 1999, o sistema de metas para a inflação, em que o BCB define a meta para a inflação, medida pelo Índice Nacional de Preços ao Consumidor Amplo (IPCA), sobre a qual são aplicados intervalos de tolerância, definidos em lei, de mais ou menos 2%.

Assertiva: INCORRETA. O Banco Central não define a meta para a inflação, essa função cabe ao Conselho Monetário Nacional. O Sistema de Metas para a Inflação foi adotado no ano de 1999 como diretriz de política monetária através do Decreto 3.088/99. A partir deste momento, as decisões do Comitê de Política Monetária passaram a ter como objetivo cumprir as metas para a inflação definidas pelo Conselho Monetário Nacional. As metas são estabelecidas com margem de dois pontos percentuais para mais ou para menos. Caso a meta não seja alcançada, cabe ao presidente do Banco Central divulgar, em carta aberta ao Ministro da Fazenda, os motivos do descumprimento, bem como as providências e o prazo para o retorno da taxa de inflação aos limites estabelecidos.

**(TÉCNICO BANCÁRIO NOVO – CEF – 2014 – CESPE\UNB – CADERNO AGENCIA)**

Com relação às características e funções do mercado monetário e do mercado de crédito, julgue o item que se segue.

***(Fácil)*** São operações típicas do mercado monetário e conhecidas como operações compromissadas as operações de compra com compromisso de revenda, assumido pelo comprador, ou venda com compromisso de recompra, assumido pelo vendedor.

> Assertiva: CORRETA. No mercado de títulos de renda fixa, operações compromissadas são operações de compra (ou venda) de títulos com compromisso de revenda (ou recompra) dos mesmos títulos em uma data futura, anterior ou igual à data de vencimento dos títulos. No mercado de títulos de renda fixa operações compromissadas se tratam de transações de compra (ou venda) de títulos com compromisso de revenda (ou recompra) dos mesmos títulos em uma data futura, anterior ou igual a data de vencimento dos títulos.

**(TÉCNICO BANCÁRIO NOVO – CEF – 2014 – CESPE\UNB – CADERNO AGENCIA)**

***(Intermediário)*** No mercado monetário, a oferta de moeda é definida pelo BCB atende à seguinte relação: quanto maior for a taxa básica de juros da economia, maior será a demanda por moeda.

> Assertiva: INCORRETA. Quanto maior a taxa básica de juros, menor a demanda por moeda, pois tornará ainda mais atrativo a aplicação dos recursos.

**(TÉCNICO BANCÁRIO NOVO – CEF – 2014 – CESPE\UNB – CADERNO AGENCIA)**

***(Fácil)*** A Secretaria de Comércio Exterior, a Receita Federal do Brasil e o Banco Central do Brasil são os órgãos gestores do Sistema Integrado de Comércio Exterior, que controla as exportações e importações realizadas no país.

> Assertiva: CORRETA. O SICOMEX - Sistema Integrado de Comércio Exterior é um instrumento administrativo que integra as atividades de registro, acompanhamento e controle das operações de comércio exterior. Composto por: Secretaria da Receita Federal do Brasil (RFB), responsável pelas áreas aduaneira e tributária; Secretaria de Comércio Exterior (SECEX), responsável pela área administrativa; e Banco Central do Brasil (BCB), responsável pelas áreas financeira e cambial.

**(TÉCNICO BANCÁRIO NOVO - CEF - 2014 - CESPE\UNB - CADERNO AGENCIA)**

***(Fácil)*** O BCB pode conceder autorização para a prática de operações no mercado de câmbio aos bancos de desenvolvimento, às sociedades corretoras de títulos e valores mobiliários e às sociedades distribuidoras de títulos e valores mobiliários, entre outras instituições.

> Assertiva: CORRETA. Podem ser autorizados pelo Banco Central a operar no mercado de câmbio: bancos múltiplos; bancos comerciais; caixas econômicas; bancos de investimento; bancos de desenvolvimento; bancos de câmbio; agências de fomento; sociedades de crédito, financiamento e investimento; sociedades corretoras de títulos e valores mobiliários; sociedades distribuidoras de títulos e valores mobiliários e sociedades corretoras de câmbio.

**(TÉCNICO BANCÁRIO NOVO - CEF - 2014 - CESPE\UNB - CADERNO AGENCIA)**

Julgue os seguintes itens relativos à formulação e execução da política monetária no Brasil.

***(Fácil)*** O BCB está autorizado a instituir recolhimento compulsório de até 100% sobre os depósitos à vista e de até 60% sobre as demais operações passivas das instituições financeiras.

> Assertiva: CORRETA. O Banco Central tem à sua disposição, segundo a teoria clássica, três instrumentos para a realização da política monetária: operações de mercado aberto, redesconto e recolhimentos compulsórios. Os recolhimentos compulsórios constituem-se em um instrumento à disposição do Banco Central para influenciar a quantidade de moeda na economia. Eles representam uma parcela dos depósitos captados pelos bancos que devem ser mantidos compulsoriamente "esterilizados" no Banco Central.

**(TÉCNICO BANCÁRIO NOVO - CEF - 2014 - CESPE\UNB - CADERNO AGENCIA)**

***(Difícil)*** Operações de redesconto bancário são operações compromissadas realizadas entre o BCB e instituições previamente credenciadas, denominadas *dealers*, com o fim de assistência financeira de liquidez.

> Assertiva: INCORRETA. As operações compromissadas com *dealers* são feitas no mercado monetário com compromisso de revenda, assumindo pelo comprador, ou venda com compromisso de recompra, assumindo pelo vendedor.

**(TÉCNICO BANCÁRIO NOVO – CEF – 2014 – CESPE\UNB – CADERNO AGENCIA)**

***(Intermediário)*** A redução da alíquota do recolhimento compulsório e a compra de títulos em operações de mercado aberto são exemplos da adoção de política monetária expansionista, uma vez que ambas elevam a quantidade de moeda em circulação na economia.

> Assertiva: CORRETA. As situações de redução da alíquota do recolhimento compulsório e compra de títulos em operações de mercado aberto aumentam a quantidade de moeda na economia, o que caracteriza a política monetária expansionista. As operações de mercado aberto ou OMA são operações de compra e venda, de forma definitiva ou compromissada de títulos no mercado secundário. Ambas as operações são realizadas por bancos centrais para fins de implementação da política monetária. No Brasil, as OMA´s são o principal instrumento utilizado pelo BC para regular a disponibilidade e o custo das reservas bancárias, de forma a manter a taxa básica de juros, conhecida como taxa SELIC, dentro da meta estabelecida pelo COPOM. Nas suas operações de mercado aberto o BC utiliza exclusivamente títulos públicos federais custodiados no Sistema Especial de Liquidação e Custódia (SELIC).

**(TÉCNICO BANCÁRIO NOVO – CEF – 2014 – CESPE\UNB – CADERNO AGENCIA)**

***(Fácil)*** As operações de mercado aberto são transações, realizadas diariamente, de compra e venda de títulos da dívida pública emitidos pelo BCB com o objetivo de controlar a liquidez do sistema bancário.

> Assertiva: INCORRETA. O BACEN não emite títulos, a instituição responsável pela emissão de títulos da dívida pública é o Tesouro Nacional.

**(TÉCNICO BANCÁRIO NOVO – CEF – 2014 – CESPE\UNB – CADERNO AGENCIA)**

***(Fácil)*** O Brasil adota, desde 1999, o sistema de metas para a inflação, em que o BCB define a meta para a inflação, medida pelo Índice Nacional de Preços ao Consumidor Amplo (IPCA), sobre a qual são aplicados intervalos de tolerância, definidos em lei, de mais ou menos 2%.

> Assertiva: INCORRETA. O Banco Central não define a meta para a inflação, essa função cabe ao Conselho Monetário Nacional. O Sistema de Metas para a Inflação foi adotado no ano de 1999 como diretriz de política monetária através do Decreto 3.088/99. A partir deste momento, as decisões do Comitê de Política Monetária passaram a ter como objetivo cumprir as metas para a inflação definidas pelo Conselho Monetário

Nacional. As metas são estabelecidas com margem de dois pontos percentuais para mais ou para menos. Caso a meta não seja alcançada, cabe ao presidente do Banco Central divulgar, em carta aberta ao Ministro da Fazenda, os motivos do descumprimento, bem como as providências e o prazo para o retorno da taxa de inflação aos limites estabelecidos.

**(TÉCNICO BANCÁRIO NOVO - CEF - 2014 - CESPE\UNB - CADERNO AGENCIA)**

***(Intermediário)*** Nas cidades com população igual ou superior a 250 mil habitantes são elegíveis a financiamento imobiliário no âmbito do programa Minha Casa Minha Vida os imóveis com valor de avaliação de até R$ 175 mil.

Assertiva: INCORRETA. Regiões metropolitanas de SP, RJ e DF - R$ 225 mil

Regiões metropolitanas do Centro-Oeste, Norte e Nordeste - R$ 180 mil

Regiões metropolitanas do Sul, MG e ES - R$200 mil

Cidades com menos de 20 mil habitantes - R$90 mil

DICA DO AUTOR: No ano de 2024 o valor máximo do imóvel para financiamento na linha do Programa Minha Casa Minha Vida é de R$ 350.000,00 (trezentos e cinquenta mil reais) conforme disponível em https://www.caixa.gov.br/voce/habitacao/minha-casa-minha-vida/urbana/Paginas/default.aspx.

**(TÉCNICO BANCÁRIO NOVO - CEF - 2014 - CESPE\UNB - CADERNO AGENCIA)**

***(Difícil)*** O Penhor CAIXA é uma linha de crédito não renovável, no valor de até 130% do bem oferecido em garantia, cujo pagamento pode ser parcelado pelo prazo de até cento e oitenta dias.

Assertiva: INCORRETA. O penhor é uma linha crédito que pode ser renovada de acordo com a necessidade do cliente, e pode chegar a no máximo 100% da avaliação do bem em caso de cliente com que recebem salário na caixa.

DICA DO AUTOR: Há previsão legal quanto ao monopólio do penhor civil para a Caixa Econômica Federal conforme consta Decreto-Lei nº 759/1969, e no Decreto 7.973/2013. Atenção há projeto de lei tramitando no Congresso Nacional extinguindo o monopólio do Penhor.

**(TÉCNICO BANCÁRIO NOVO – CEF – 2014 – CESPE\UNB – CADERNO AGENCIA)**

***(Fácil)*** As casas lotéricas podem atuar como correspondentes bancários de outras instituições financeiras no país, mas a exploração dos serviços da Loteria Federal do Brasil é exclusiva da CAIXA.

Assertiva: CORRETA. A exploração dos serviços da Loteria Federal de Brasil é exclusiva da Caixa Econômica Federal conforme Decreto-Lei de 204 de 1967. A concessão das loterias federais é realizada pela União.

**(TÉCNICO BANCÁRIO NOVO – CEF – 2014 – CESPE\UNB – CADERNO AGENCIA)**

***(Fácil)*** O programa Minha Casa Minha Vida oferece financiamentos imobiliários para famílias com renda mensal de até R$ 5 mil.

Assertiva: CORRETA. Na data da prova a opção estava correta, porém se a prova ocorresse no ano de 2024 a mesma questão estaria incorreta, pois o limite atual do programa Minha Casa Minha Vida é de R$ 8.000,00 (oito mil reais) correspondente à renda do grupo familiar.

**DICA DO AUTOR:** A atualização de informações é imprescindível numa prova de concurso público, e no caso específico da CEF a alteração de valores de parâmetro pode acontecer com uma frequência ainda maior, devido a operações exclusivas da caixa como Penhor e Loterias, além de faixas de valores de programas sociais e habitacionais, normalmente mencionadas em algumas organizadoras. Atualmente (2024) a renda máxima familiar é de R$ 8.000,00 (oito mil reais).

# SISTEMA DE PAGAMENTOS BRASILEIRO

**Conforme definição do Banco Central do Brasil "o Sistema de Pagamentos Brasileiro (SPB) compreende as entidades,** os sistemas e os procedimentos relacionados com o processamento e a liquidação de operações de transferência de fundos, de operações com moeda estrangeira ou com ativos financeiros e valores mobiliários." O SPB compreende o Tesouro Nacional, as Infraestruturas do Mercado Financeiro (IMF) e, os Arranjos e as Instituições de Pagamento.

Integram o SPB:

- Serviços de compensação de cheques;
- Compensação e liquidação de ordens eletrônicas de débito e de crédito;
- Sistema de transferência de fundos e de outros ativos financeiros;
- Compensação e liquidação de operações com títulos e valores mobiliários;
- Compensação e liquidação de operações realizadas em bolsas de mercadorias e de futuros;
- Entidades operadoras de Infraestruturas do Mercado Financeiro (IMF).

Elaborado pelo autor

Os Bancos Centrais buscam um sistema confiável e com baixo custo para a operacionalização de transações, tudo isso sem perder agilidade. O adequado funcionamento se torna essencial para a estabilidade financeira, consequentemente se trata de condição necessária para salvaguardar os canais de transmissão da política monetária. O Banco Central, após reforma do sistema, direcionou o foco para a administração de riscos. Em abril de 2002 entrou em funcionamento o Sistema de Transferência de Reservas (STR), e o SPB conseguiu a redução do risco de liquidação o que leva a redução do risco sistêmico. O aumento da automação proporcionou maior confiabilidade do sistema, e as liquidações em tempo real trazidas pelo STR mitigaram as operações em descoberto, que durante algum tempo foram comuns ao Banco Central.

O Banco Central do Brasil atua como operador na medida em que provê serviços de liquidação. Atualmente dois são os sistemas em que o BCB opera: o Sistema de Transferência de Reservas (STR) e o Sistema Especial de Liquidação e de Custódia (Selic).

As entidades conhecidas como Infraestruturas do Mercado Financeiro ou IMF possuem duas classificações, são elas: Sistema de Transferência de Fundos e Sistema de Liquidação de Títulos, Valores Mobiliários, Derivativos e Câmbio.

## SISTEMA DE TRANSFERÊNCIA DE FUNDOS

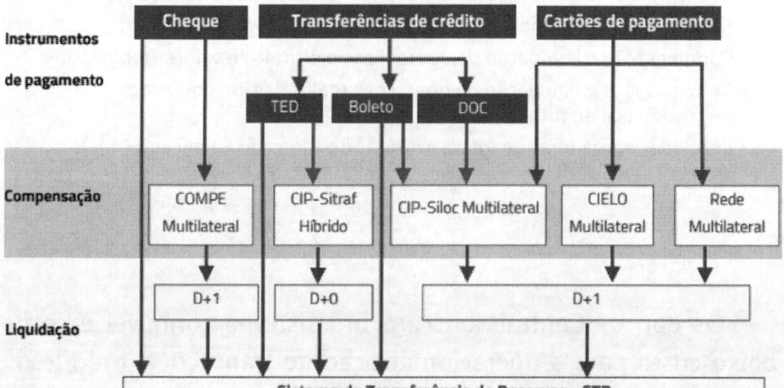


Fonte: BCB.

## SISTEMA DE LIQUIDAÇÃO DE TÍTULOS, VALORES MOBILIÁRIO, DERIVATIVOS E CÂMBIO

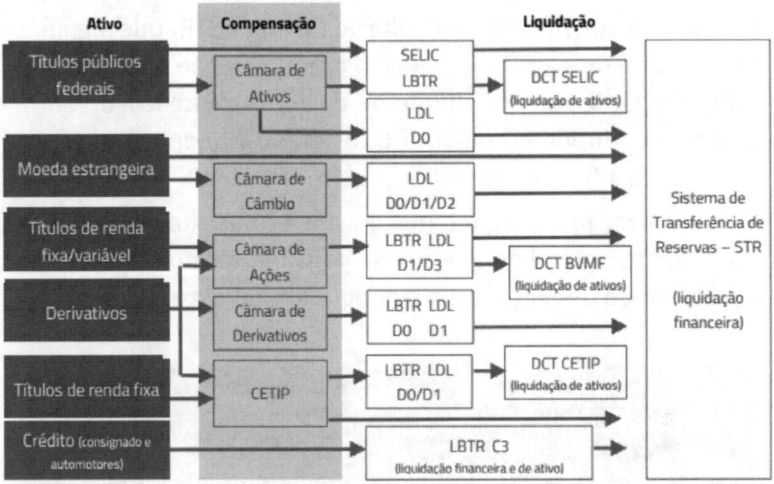


Fonte: BCB.

O Sistema de Transferência de Fundos é responsável pela liquidação de transferência de fundos entre os bancos, sendo que a liquidação financeira ocorre no STR. O Sistema de Liquidação de Títulos, Valores mobiliários, Derivativos e Câmbio são responsáveis pela liquidação proveniente da compra e venda de ativos financeiros e a sua liquidação financeira também ocorre no STR.

O Sistema de Transferência de Reservas é o executor principal de transferências e liquidação de fundos entre os participantes, sendo que são utilizadas as contas mantidas no BCB. Além do BACEN, participam do STR as instituições titulares de conta Reservas Bancárias e de Conta de Liquidação e a Secretaria do Tesouro Nacional (STN), que efetuam o recolhimento de impostos e o pagamento de despesas provenientes do governo federal.

O STR processa transferências irrevogáveis e incondicionais, devido a isso não podem ser canceladas, pois as transferências são processadas imediatamente à sua solicitação mediante existência de saldo na conta do emitente, onde o valor é debitado. Sua classificação é conhecida como LBTR, que significa Liquidação Bruta em Tempo Real. Porém caso não haja saldo na conta do participante emitente ou devido à existência de outra ordem de prioridade maior, a transferência pode ser encaminhada para a fila de espera.

A utilização de alguns mecanismos pode auxiliar no funcionamento normal do sistema de pagamentos no ambiente de liquidação de obrigações em tempo real, são elas:

Concessão de crédito intradia às instituições participantes em troca de títulos públicos federais, concedido pelo BACEN.

Utilização do recolhimento compulsório como recurso adicional nas suas liquidações.

Utilização dos recursos das ordens de transferência de fundos mantidas em fila de espera no STR para liquidação de obrigações, através da rotina de otimização.

Elaborado pelo autor

Algumas instituições são obrigadas a manter contas de reservas no Banco Central, é o caso das instituições que recebem depósito à vista, sendo opcional para os bancos de investimento, ou para os bancos múltiplos sem carteira comercial. Após 2002 quando foi implantado o STR foi criada a conta de liquidação e em 2009 através da circular 3.438 as instituições que possuem autorização para funcionar emitida pelo BCB, mesmo se tratando de instituição não bancária passaram a ter a possibilidade de manter conta no BCB.

| | Conta Reservas Bancárias | Conta de Liquidação |
|---|---|---|
| Obrigatória | Bancos comerciais;<br>Bancos múltiplos com carteira comercial; e<br>Caixas econômicas | Câmaras/prestadores de serviços de compensação e de liquidação sistemicamente importantes. |
| Facultativa | Bancos de desenvolvimento;<br>Bancos de investimento;<br>Bancos de câmbio; e<br>Bancos múltiplos sem carteira comercial. | Câmaras/prestadores de serviços de compensação e de liquidação não sistemicamente importantes; e<br>Instituições não bancárias autorizadas a funcionar pelo BCB. |

Fonte: BCB.

Dentro do Sistema de Pagamento Brasileiro ainda existem outras figuras, são elas:

## ARRANJO DE PAGAMENTO (CARTÃO DE CRÉDITO)

As regras e procedimentos que disciplinam a prestação do respectivo serviço de pagamento ao público. O arranjo em si não executa atividades, apenas disciplinando a prestação dos serviços. As bandeiras de cartão de crédito são exemplos, cabendo a elas o papel de estabelecer as regras para o funcionamento do arranjo. A resolução 4.282/2013 do BCB estabelece as diretrizes para regulação dos arranjos de pagamento.

As instituições do arranjo, isto é, aquelas que estabelecem as regras. Conectam clientes de todo lugar para que o crédito seja transferido do comprador até o vendedor. As instituições financeiras aderem ao arranjo, tratando com a gestão de contas corrente bancárias e a emissão de instrumento de pagamento, como os cartões de débito e crédito.

As transações são registradas em conta corrente ou conta de pagamento. Supervisionado pelo Banco Central do Brasil, o arranjo de pagamento realiza a comunicação entre os clientes que visam transacionar operações, porém sem ele não haveria como realizar a transferência do crédito.

# INSTITUIÇÃO DE PAGAMENTO

O Banco Central define a instituição de pagamento como "pessoas jurídicas não financeiras que executam os serviços de pagamento no âmbito do arranjo de pagamento e que são responsáveis pelo relacionamento com os usuários finais do serviço de pagamento, pagadores e recebedores", conforme a resolução 4.282/2013 do Banco Central. As instituições não financeiras que recebem recursos do público que serão utilizados para fazer pagamentos ou transferir fundos, utilizando, moeda eletrônica, podem ser consideradas um exemplo.

**(TÉCNICO BANCÁRIO NOVO - CEF - 2010 - CESPE\UNB - CADERNO ECHO)**

***(Intermediário)*** A respeito do sistema brasileiro de pagamentos, assinale a opção correta.

A) De acordo com as normas de regência do sistema de pagamentos, a insolvência civil, a falência ou a liquidação extrajudicial de um participante do sistema não afeta o adimplemento das obrigações por ele assumidas no âmbito das câmaras ou dos prestadores de serviços de compensação e liquidação.

B) As câmaras e os prestadores de serviços de compensação e liquidação respondem solidariamente pelas obrigações originárias do emissor de resgatar o principal e os acessórios de seus títulos e valores mobiliários objetos de compensação e liquidação.

C) A infração às normas regulamentares que regem o sistema de pagamentos não sujeita a penalidades os membros do conselho consultivo das câmaras e os prestadores de serviços de compensação e de liquidação.

D) Não constitui regra geral do sistema de pagamentos a necessidade de que sejam mutuamente condicionadas a tradição do ativo negociado e a efetivação do correspondente pagamento.

E) O sistema brasileiro de pagamentos, constituído por sistemas eletrônicos de débito e de crédito, não inclui os serviços de compensação de cheques e de outros papéis.

Alternativa A: CORRETA. A Lei 10.214/2001 define o Sistema de Pagamentos Brasileiro (SPB), as câmaras e prestadores de serviços de compensação e de liquidação. Trata-se do marco legal da reforma do SPB ao reconhecer a compensação multilateral e possibilitar a efetiva execução de garantias no âmbito desses sistemas mesmo no caso de insolvência civil de participante.

Alternativa B: INCORRETA. No Art. 4º, § 1º, da Lei 10.214/2001 afirma situação contrária com relação a adimplência, segue texto:

As câmaras e os prestadores de serviços de compensação e de liquidação não respondem pelo adimplemento das obrigações originárias do emissor, de resgatar o principal e os acessórios de seus títulos e valores mobiliários objeto de compensação e de liquidação.

Alternativa C: INCORRETA. Os integrantes dos conselhos consultivos das câmaras de compensação, além dos prestadores de serviços estão sujeitos as penalidades: no art. 44 da Lei nº 4.595, de 31 de dezembro de 1964 (BACEN) e no art. 11 da Lei nº 6.385, de 7 de dezembro de 1976 (CVM).

Alternativa D: INCORRETA. A tradição do ativo negociado e a efetivação do correspondente pagamento devem ser mutuamente condicionadas, de acordo com a resolução 2.882/2001 do BACEN no seu Art. 3º.

Alternativa E: INCORRETA. De acordo com o Art. 2º parágrafo único da LEI 10.214/2001 integram o sistema de pagamentos brasileiro, além do serviço de compensação de cheques e outros papéis, os seguintes sistemas, na forma de autorização concedida às respectivas câmaras ou prestadores de serviços de compensação e de liquidação, pelo Banco Central do Brasil ou pela Comissão de Valores Mobiliários, em suas áreas de competência: de compensação e liquidação de ordens eletrônicas de débito e de crédito; de transferência de fundos e de outros ativos financeiros; de compensação e de liquidação de operações com títulos e valores mobiliários; de compensação e de liquidação de operações realizadas em bolsas de mercadorias e de futuros; e outros, inclusive envolvendo operações com derivativos financeiros, cujas câmaras ou prestadores de serviços tenham sido autorizados na forma deste artigo.

**(TÉCNICO BANCÁRIO NOVO - CEF - 2010 - CESPE\UNB - CADERNO LIMA)**

***(Intermediária)*** Assinale a opção correta com relação ao sistema de pagamentos brasileiro (SPB) e à atuação fiscalizadora desse sistema pelo BACEN.

A) A supervisão das câmaras e dos prestadores de serviços de compensação e de liquidação compete, exclusivamente, ao BACEN.

B) É vedado o compartilhamento de perdas entre os participantes de sistemas em que o volume e a natureza dos negócios, a critério do BACEN, possam oferecer risco à solidez e ao normal funcionamento do sistema financeiro.

C) O BACEN deve operar, exclusivamente, sistemas com liquidação diferida pelo valor líquido.

D) Em razão de sigilo bancário, é vedado o acesso dos participantes do SPB a informações relacionadas aos riscos de crédito e operacionais existentes nos sistemas de liquidação que utilizem.

E) Embora os critérios de acesso aos sistemas que integram o SPB devam ser públicos, objetivos e claros, possibilitando ampla participação, admitem-se restrições que enfoquem, sobretudo, a contenção de riscos.

Alternativa A: INCORRETA. Conforme Resolução 2882/2001 em seu Art. 6º No que concerne às câmaras e aos prestadores de serviços de compensação e de liquidação compete à Comissão de Valores Mobiliários, no que diz respeito a operações com valores mobiliários: (...) inciso III - exercer a supervisão de suas atividades, observando, no que se refere à aplicação de penalidades, o disposto no artigo 11, da Lei nº. 6.385, de 7 de dezembro de 1976.

Alternativa B: INCORRETA. A Medida Provisória nº 2.040 dispõe que nos subsistemas em que o volume e a natureza dos negócios, a critério de Banco Central, forem capazes de oferecer risco à solidez e ao normal funcionamento do sistema, as câmaras de compensação ou liquidação de valores ou ativos deverão assumir a posição de contraparte central garantidora para fins de liquidação das obrigações realizadas por seu intermédio. O compartilhamento de perdas está entre os mecanismos admitidos.

Alternativa C: INCORRETA. O Sistema de Transferência de Reservas é um sistema de liquidação bruta em tempo real (LBTR) de transferência de fundos entre seus participantes, gerido e operado pelo Banco Central do Brasil.

Alternativa D: INCORRETA. Verifica-se na Resolução 2882/2001 art. 3º inciso I "os participantes devem ter acesso a informações claras e objetivas, que lhes permitam identificar os riscos em que incorram nos sistemas que utilizem."

Alternativa E: CORRETA. Alternativa possui mesmo conteúdo de ideias da Resolução 2882/2001 art. 3º inciso VIII, segue texto original: os critérios de acesso aos sistemas devem ser públicos, objetivos e claros, possibilitando ampla participação, admitidas restrições com enfoque, sobretudo, na contenção de riscos.

**(TÉCNICO BANCÁRIO NOVO - CEF - 2010 - CESPE\UNB - CADERNO LIMA)**

***(Difícil)*** Assinale a opção correta a respeito da realização de operações com títulos públicos federais no Brasil.

A) Por meio das operações conhecidas como overnight, as instituições financeiras efetuam gerenciamento de sua liquidez em médio e longo prazo.

B) É vedado ao BACEN comprar títulos da dívida pública na data de sua colocação em mercado, salvo para refinanciar a dívida mobiliária federal que estiver vencendo em sua carteira.

C) O BACEN atua no mercado primário de títulos públicos mediante a emissão de títulos de sua responsabilidade.

D) O registro das operações no mercado secundário de títulos públicos federais ocorre, exclusivamente, na CETIP S.A. - Balcão Organizado de Ativos e Derivativos.

E) Por questão de isonomia, o BACEN pode comprar ou vender títulos públicos no mercado secundário apenas mediante a realização de leilões aos quais, independentemente de credenciamento, tenham igual acesso todas as instituições financeiras.

Alternativa A: INCORRETA. O conceito de *overnight* segundo o BCB é "depósito interbancário vigente no dia da negociação até o dia seguinte, ou nos finais de semana." Desta forma o gerenciamento de liquidez a médio ou longo prazo utilizando um parâmetro diário não seria indicado.

Alternativa B: CORRETA. O Banco Central, na condição de administrador do Sistema Especial de Liquidação e de Custódia, operacionaliza as ofertas públicas (leilões) realizadas pela STN para a venda ou compra de títulos da dívida pública mobiliária interna (DPMFi), relativamente aos títulos custodiados no Selic, além de outros eventos do emissor, assim denominados os procedimentos relacionados às emissões, aos resgates e aos pagamentos de juros dos referidos títulos.

Alternativa C: INCORRETA. Conforme Lei Complementar nº 101/2000 (Responsabilidade Fiscal) no seu Art. 34. O Banco Central do Brasil não emitirá títulos da dívida pública a partir de dois anos após a publicação desta Lei Complementar.

Alternativa D: INCORRETA. A CETIP registra derivativos de balcão e títulos de renda fixa privados, e faz a custódia de títulos de dívida corporativa e de alguns títulos de dívida pública. A SELIC é um sistema informatizado que se destina a custódia, registro e liquidação de títulos de emissão do Tesouro Nacional. A maior parte dos títulos públicos federais está custodiada no Selic, administrado pelo BCB. Ficando uma pequena parte sobre a responsabilidade da CETIP.

Alternativa E: INCORRETA. As emissões competitivas de títulos públicos têm como objetivo atender as necessidades de financiamento do governo federal, assegurando um balanço adequado entre custos e riscos para a DPF, além de favorecer o bom funcionamento do mercado de títulos públicos. As receitas decorrentes das emissões de títulos da dívida pública federal, por meio de oferta pública, são utilizadas para fazer face às despesas com o refinanciamento, os juros e outros encargos da dívida, interna e externa, de responsabilidade do Tesouro Nacional.

**(TÉCNICO BANCÁRIO NOVO – CEF – 2010 – CESPE\UNB – CADERNO LIMA)**

***(Intermediário)*** Assinale a opção correta a respeito do SPB.

A) Em conformidade com a regulamentação infra legal do SPB, é vedado a um sistema de liquidação combinar características dos sistemas de liquidação diferida e dos sistemas de liquidação bruta em tempo real.

B) Faculta-se às câmaras que operam sistemas de liquidação sistemicamente importantes manter contas de liquidação no BACEN; no entanto, caso decidam não manter tais contas, devem firmar convênio com instituição financeira para a utilização de sua conta reservas bancárias.

C) As instituições titulares de contas reservas bancárias são participantes obrigatórias do Sistema de Transferência de Reservas, operado pelo BACEN.

D) Nos termos da regulamentação editada pelo BACEN, entende-se por certeza de liquidação a garantia de que a operação será liquidada até o limite das margens depositadas pelo participante, independentemente de aceitação pelo sistema de liquidação.

E) Denominam-se prestadores de serviços de compensação e de liquidação as pessoas jurídicas cujo objeto social consista unicamente na prestação de serviços de rede e de suporte tecnológico para câmaras de compensação e de liquidação.

Alternativa A: INCORRETA. O Sistema de Liquidação Híbrido combina as características dos sistemas LDL (liquidação diferida líquida) e LBTR (liquidação bruta em tempo real).

Alternativa B: INCORRETA. Conta mantida no BC pelas Câmaras ou prestadores de serviços de compensação e de liquidação e por instituições autorizadas a funcionar pelo BCB não elegíveis a abertura de conta Reservas Bancárias.

Alternativa C: CORRETA. Participam do STR, além do Banco Central do Brasil, os titulares de Conta Reservas Bancárias e os titulares de Conta de Liquidação. A titularidade de Conta Reservas Bancárias é obrigatória para os bancos comerciais, bancos múltiplos com carteira comercial e caixas econômicas, e facultativa para os bancos de investimento, os bancos de câmbio, os bancos de desenvolvimento e os bancos múltiplos sem carteira comercial. O Sistema de Transferência de Reservas se trata de um sistema de transferência de fundos com Liquidação Bruta em Tempo Real, o qual é gerido e operado pelo Banco Central do Brasil. Funciona com base em ordens de crédito, isto é, somente o titular da conta a ser debitada pode emitir a ordem de transferência de fundos. O STR é o coração do Sistema Financeiro Nacional, uma vez que por seu intermédio ocorrem as liquidações das operações interbancárias realizadas nos mercados monetário, cambial e de capitais, com destaque para as de política monetária e cambial do BC, a arrecadação de tributos e as colocações primárias, resgates e pagamentos de juros dos títulos da dívida pública federal pelo Tesouro Nacional.

Alternativa D: INCORRETA. O STR, operado pelo BCB, é um sistema de liquidação bruta em tempo real onde há a liquidação final de todas as obrigações financeiras no Brasil. São participantes do STR as instituições financeiras, as câmaras de compensação e liquidação e a Secretaria do Tesouro Nacional. Com esse sistema, as transferências de fundos interbancárias são liquidadas em tempo real, em caráter irrevogável e incondicional. Desta forma, qualquer transferência de fundos entre as contas dos participantes do STR passou a ser condicionada à existência de saldo suficiente de recursos na conta do participante emitente da transferência.

Alternativa E: INCORRETA. São instituições que operam qualquer um dos sistemas integrantes do sistema de pagamentos, cujo funcionamento resulte em movimentações interbancárias e envolva pelo menos três participantes diretos para fins de liquidação, entre instituições financeiras ou demais instituições autorizadas a funcionar pelo Banco Central do Brasil.

**(TÉCNICO BANCÁRIO NOVO – CEF – 2012 - CESGRANRIO – Prova I)**

***(Fácil)*** Com as alterações do Sistema de Pagamentos Brasileiro (SPB), o Sistema Especial de Liquidação e Custódia (Selic) passou a liquidar as operações com títulos públicos federais em:

A) dois dias úteis

B) três dias úteis

C) uma semana

D) tempo real

E) curto prazo

Alternativa A, B, C, E: INCORRETAS. Após a reforma de 2002 o SPB passou a utilizar o Sistema de Transferências de Reservas (STR) com o processamento intradia, reduzindo assim o risco de liquidação, que compreende risco de liquidez e crédito.

Alternativa D: CORRETA. O Selic (Sistema Especial de Liquidação e Custódia) é o depositário central dos títulos que compõem a dívida pública federal interna (DPMFi) de emissão do Tesouro Nacional e, nessa condição, processa a emissão, o resgate, o pagamento dos juros e a custódia desses títulos. Um sistema eletrônico que processa o registro e a liquidação financeira das operações realizadas com esses títulos pelo seu valor bruto e em tempo real, garantindo segurança, agilidade e transparência aos negócios.

# POLÍTICA CAMBIAL

Série de medidas que define o regime de taxas de câmbio, são eles: flutuante, fixo, administrado. Regulamentando operações de câmbio. Definindo a política cambial e as relações financeiras entre o Brasil e os demais países.

Também fazem parte da política cambial a atuação no mercado de câmbio, as movimentações internacionais de capitais e de moeda e suas normas; além das reservas internacionais e sua gestão. A taxa de câmbio reflete nos preços dos produtos que o Brasil compra e vende para o exterior (importa e exporta), estabelecendo uma influência sobre os valores dos itens comercializados para a população.

## CÂMBIO FLUTUANTE

O responsável por regulamentar o sistema de câmbio é o CMN, o BC monitorar e garante que o mercado permanecerá sadio com o cumprimento das regulações definidas pelo CMN. Conforme define o BC, o Brasil adota o regime de câmbio flutuante, o que significa que o BC ou qualquer outro ente público não interfere no mercado para determinar a taxa de câmbio, mas para manter a funcionalidade do mercado de câmbio.

Existe claro impacto na economia para o cidadão brasileiro, pois a definição do câmbio interfere diretamente nos preços da economia, em especial de produtos ligados a alimentação e transporte, que correspondem a aproximadamente 40% dos itens que compõem o Índice de preços ao consumidor amplo.

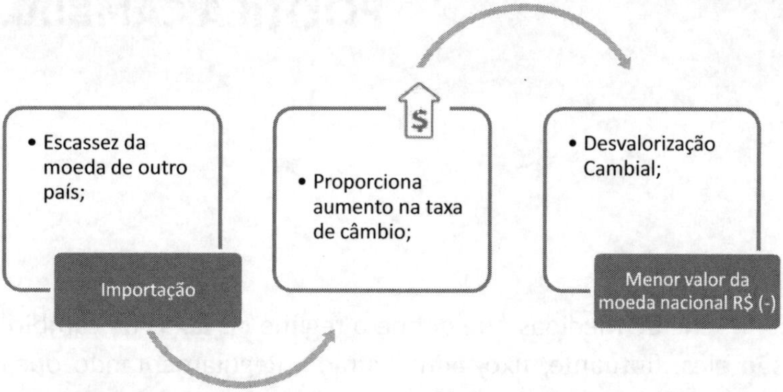


Elaborado pelo autor

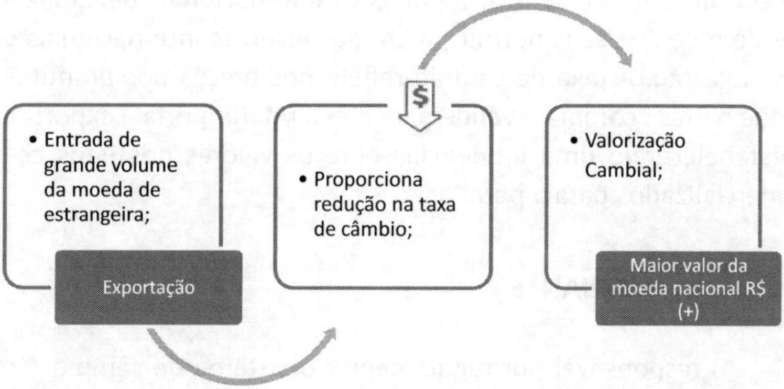


Elaborado pelo autor

**(TÉCNICO BANCÁRIO NOVO - CEF - 2010 - CESPE\UNB - CADERNO ECHO)**

***(Difícil)*** Considerando as normas legais e regulamentares vigentes a respeito do mercado de câmbio no Brasil, assinale a opção correta.

A) As pessoas físicas e as pessoas jurídicas podem comprar e vender moeda estrangeira ou realizar transferências internacionais em reais, de qualquer natureza, sem limitação de valor, sendo contraparte na operação agente autorizado a operar no mercado de câmbio, observada a legalidade da transação, tendo como base a fundamentação econômica e as responsabilidades definidas na respectiva documentação.

B) Aos bancos autorizados a operar no mercado de câmbio é vedado dar cumprimento a ordens de pagamento em reais recebidas do exterior mediante a utilização de recursos em reais mantidos em contas de depósito de titularidade de instituições bancárias domiciliadas ou com sede no exterior.

C) Nas operações de repasse, é vedado à instituição financeira que capta recursos no exterior utilizá-los para conceder empréstimos com variação cambial a pessoa física ou jurídica residente, domiciliada ou com sede no país.

D) As operações de recebimento antecipado de exportação sujeitam-se a registro no BACEN, independentemente da anterioridade da operação em relação à data de embarque da mercadoria ou da prestação do serviço.

E) À exceção das transferências financeiras relacionadas a contratos não comerciais, todas as operações de câmbio devem ser registradas no Sistema de Informações do BACEN (SISBACEN).

Alternativa A: CORRETA. O conteúdo desta alternativa é idêntico ao art. 8º da resolução do Banco Central 3.568 do ano de 2008 conforme capitulo II que trata das operações cursadas no mercado de câmbio.

Alternativa B: INCORRETA. No art. 27 da resolução citada anteriormente identificamos que "é vedada a utilização da conta de depósito de pessoas físicas ou jurídicas residentes, domiciliadas ou com sede no exterior para a realização de transferência internacional em reais de interesse de terceiros", porém no § 2º excetua-se da vedação contida no caput o débito na conta titulada por instituição bancária do exterior, quando destinado ao cumprimento, por instituição autorizada a operar no mercado de câmbio, de ordem de pagamento em reais oriunda do exterior.

Alternativa C: INCORRETA. O Art. 28. Da resolução 3.568 descreve que "podem ser livremente convertidos em moeda estrangeira, para remessa ao exterior, exclusivamente em banco autorizado a operar no mercado de câmbio, os saldos de recursos próprios existentes em conta de depósito de pessoas físicas ou jurídicas residentes, domiciliadas ou com sede no exterior".

Alternativa D: INCORRETA. Conforme pode ser observado no art. 16-A da resolução 3.568/2008 "o valor decorrente de recebimento antecipado de exportação, para o qual não tenha havido o respectivo embarque da mercadoria ou a prestação de serviços, pode (...), ser convertido pelo exportador em investimento direto de capital ou em empréstimo em moeda e registrado, no Banco Central do Brasil, nos termos da Lei nº 4.131/62, e respectiva regulamentação".

Alternativa E: INCORRETA. As operações no mercado de câmbio devem ser registradas no SISBACEN, conforme art. 9º da resolução 3.568/2008 do BCB.

**(TÉCNICO BANCÁRIO NOVO – CEF – 2010 – CESPE\UNB – CADERNO ECHO)**

***(Fácil)*** Com relação ao mercado financeiro no Brasil, assinale a opção correta.

A) Os meios e procedimentos para a liquidação de obrigações, no âmbito do sistema de pagamentos brasileiro, podem ser ineficientes do ponto de vista econômico, em vista do imperativo de reduzir as disparidades regionais na distribuição de renda, mesmo que o regulamento do sistema seja aprovado pelo BACEN.

B) São absolutamente incapazes de exercer pessoalmente os atos da vida civil e não podem ser titulares de conta de depósito sem instituição financeira as pessoas naturais que, por deficiência mental, tenham o discernimento reduzido.

C) Viola as regras aplicáveis à abertura de contas de depósito no país o funcionário de estabelecimento bancário que exige de uma empresa que procura abrir conta de depósitos declinar sua razão social e sua atividade principal.

D) O cheque com cruzamento geral só pode ser pago pelo sacado a banco ou a cliente do sacado, mediante crédito em conta.

E) O Brasil adota, desde o final do século passado, o regime de câmbio fixo.

Alternativa A: INCORRETA. O Sistema de Pagamentos Brasileiro (SPB) compreende as entidades, os sistemas e os procedimentos relacionados com o processamento e a liquidação de operações de transferência de fundos, de operações com moeda estrangeira ou com ativos financeiros e valores mobiliários. São integrantes do SPB, os serviços de compensação de cheques, de compensação e liquidação de ordens eletrônicas de débito e de crédito, de transferência de fundos e de outros ativos financeiros, de compensação e de liquidação de operações com títulos e valores mobiliários, de compensação e de liquidação de operações realizadas em bolsas de mercadorias e de futuros, e outros, chamados coletivamente de entidades operadoras de infraestruturas do Mercado Financeiro (IMF).

As infraestruturas do mercado financeiro desempenham um papel fundamental para o sistema financeiro e a economia de uma forma geral. É importante que os mercados financeiros confiem na qualidade e continuidade dos serviços prestados pelas IMF. Seu funcionamento adequado é essencial para a estabilidade financeira e condição necessária para salvaguardar os canais de transmissão da política monetária.

Alternativa B: INCORRETA. Segundo do Banco Central é permitida abertura de conta por pessoa incapaz desde que seja identificado o representante legal.

Alternativa C: INCORRETA. O Banco Central estabeleceu em 1993 a resolução 2.025 que altera e consolida as normas relativas a abertura e manutenção de conta corrente, sendo assim no seu art. 1º a referida resolução cita a obrigatoriedade da completa identificação, que dentre outros requer a informação da razão social e atividade principal. No art. 3º é importante salientar que é de responsabilidade da instituição a conferência da exatidão das informações prestadas.

Alternativa D: CORRETA. Segundo a Lei 7.357/1985, Art. 45 O cheque com cruzamento geral só pode ser pago pelo sacado a banco ou a cliente do sacado, mediante crédito em conta. O cheque com cruzamento especial só pode ser pago pelo sacado ao banco indicado, ou, se este for o sacado, a cliente seu, mediante crédito em conta. Pode, entretanto, o banco designado incumbir outro da cobrança.

Alternativa E: INCORRETA. Desde 1999 o Brasil adota seu regime de câmbio como flutuante, onde o valor da moeda passou a oscilar de acordo com a oferta e demanda, porém com algumas intervenções do BACEN.

**(TÉCNICO BANCÁRIO NOVO – CEF – 2010 – CESPE\UNB – CADERNO LIMA)**

***(Intermediário)*** Em relação ao mercado de câmbio brasileiro, assinale a opção correta. Nas opções em que for empregada, considere que a sigla CMN refere-se ao Conselho Monetário Nacional.

A) Os recursos em moeda estrangeira recebidos em decorrência de exportações brasileiras de mercadorias e de serviços podem ser mantidos em instituição financeira no exterior.

B) Ao CMN cabe manter registro dos contratos de câmbio relativos aos recursos em moeda estrangeira ingressados no país em decorrência de exportações realizadas por empresas brasileiras.

C) O BACEN pode estabelecer formas simplificadas de contratação de operações simultâneas de compra e venda de moeda estrangeira relacionadas a recursos provenientes de exportações.

D) Compete ao CMN, de acordo com as diretrizes fixadas pelo Ministério da Fazenda, autorizar as instituições financeiras a praticar operações de câmbio.

E) É atribuição do BACEN regular, por meio da fixação de normas, as operações de câmbio, inclusive swaps, fixando limites, taxas, prazos e outras condições.

Alternativa A: CORRETA. Conforme a Resolução 3.568/2008 do Banco Central do Brasil pode-se observar no texto do Art. 16-A No recebimento da receita de exportação de mercadorias ou de serviços, deve ser observado que:

I - o exportador de mercadorias ou de serviços pode manter no exterior a integralidade dos recursos relativos ao recebimento de suas exportações.

Alternativa B: INCORRETA. As operações de câmbio devem ser realizadas em única agência da instituição autorizada a operar no mercado de câmbio, previamente informada ao Banco Central do Brasil.

Alternativa C: INCORRETA. De acordo a resolução citada na primeira alternativa em seu art. 9º, § 1º: O Banco Central do Brasil pode definir formas simplificadas de registro para as operações de compra e venda de moeda estrangeira de até US$3.000,00 (três mil dólares dos Estados Unidos), ou do seu equivalente em outras moedas.

Alternativa D: INCORRETA. As autorizações para a prática de operações no mercado de câmbio podem ser concedidas pelo Banco Central do Brasil a bancos múltiplos, bancos comerciais, caixas econômicas, bancos de investimento, bancos de desenvolvimento, bancos de câmbio, sociedades de crédito, financiamento e investimento, sociedades corretoras de títulos e valores mobiliários, sociedades distribuidoras de títulos e valores mobiliários e sociedades corretoras de câmbio.

Alternativa E: INCORRETA. Compete ao Conselho Monetário Nacional baixar normas que regulem as operações de câmbio, inclusive *swaps*, fixando limites, taxas, prazos e outras condições.

**(TÉCNICO BANCÁRIO NOVO – CEF – 2014 – CESPE\UNB – CADERNO AGENCIA)**

***(Fácil)*** O mercado brasileiro de câmbio é composto pelo mercado de câmbio de taxas flutuantes (turismo) e pelo mercado de câmbio de taxas livres (comercial), cada um com atribuições específicas, definidas pelo BCB.

Assertiva: INCORRETA. O Brasil tem um único mercado de câmbio legal desde 2005, quando a resolução da CVM 3.625 de 2005 unificou o Mercado de Câmbio de Taxas Livres (câmbio ou dólar comercial) e o Mercado de Câmbio de Taxas Flutuantes (câmbio ou dólar turismo).

**(TÉCNICO BANCÁRIO NOVO - CEF - 2014 - CESPE\UNB - CADERNO AGENCIA)**

***(Intermediário)*** As operações de compra e de venda de moeda estrangeira com limite de até US$ 3.000,00 são dispensadas da formalização de contrato de câmbio, mas devem ser registradas no Sistema Câmbio, administrado pelo BCB.

Assertiva: CORRETA. Conforme circular do Banco Central 3.691 de 16/12/2013 as operações de compra e de venda de moeda estrangeira de até US$ 3.000,00 são dispensadas da formalização de contrato de câmbio.

**(TÉCNICO BANCÁRIO NOVO - CEF - 2014 - CESPE\UNB - CADERNO AGENCIA)**

***(Intermediário)*** As sociedades distribuidoras de títulos e valores mobiliários podem intermediar operações no mercado de câmbio.

Assertiva: CORRETA. As Distribuidoras de Títulos e Valores Mobiliários (DTVM) atuam nos mercados financeiro e de capitais e no mercado cambial intermediando a negociação de títulos e valores mobiliários entre investidores e tomadores de recursos. Uma das principais atividades destas distribuidoras é intermediar operações de compra e venda de moeda estrangeira, além de outras operações no mercado de câmbio.

**(TÉCNICO BANCÁRIO NOVO - CEF - 2012 - CESGRANRIO - Prova I)**

***(Intermediário)*** Qual é a companhia de capital aberto, instituída pelo Conselho Monetário Nacional, que atua como integradora do mercado financeiro, oferecendo serviços de registro, de central depositária, de negociação e liquidação de ativos e títulos?

A) BNDES

B) Banco Central do Brasil

C) SELIC

D) CETIP

E) Caixa Econômica Federal

Alternativa A: INCORRETA. O Banco Nacional de Desenvolvimento Econômico e Social (BNDES), empresa pública dotada de personalidade jurídica de direito privado e patrimônio próprio com atuação em todo o território nacional. O BNDES é o principal instrumento de execução da política de investimento do Governo Federal e tem por objetivo primordial apoiar programas, projetos, obras e serviços que se relacionem com o desenvolvimento econômico e social do País.

Alternativa B: INCORRETA. O Banco Central é autarquia federal integrante do Sistema Financeiro Nacional, sendo vinculado ao Ministério da Fazenda do Brasil. Ou seja, não é uma S.A. e nem tendo sido criado pelo CMN, o que torna a alternativa incorreta.

Alternativa C: INCORRETA. O Sistema Especial de Liquidação e Custódia (SELIC) têm como atribuição o registro, custódia e liquidação de títulos públicos. Observe que a SELIC possui atividades semelhantes como o registro e a liquidação de títulos, porém se trata de um sistema à disposição do mercado tornando as operações seguras, pois conta com liquidação imediata.

Alternativa D: CORRETA. A Central de Custódia e de Liquidação Financeira de Títulos (CETIP) possui todas as atribuições citadas na questão. Suas atividades foram iniciadas em 1986 e foi instituida pelo CMN inicialmente sem fins lucrativos, mas em 2008 abriu capital passando a ser CETIP S.A.

Alternativa E: INCORRETA. A Caixa Econômica Federal instituição financeira, sob a forma de empresa pública do governo federal brasileiro, com patrimônio próprio e autonomia administrativa com sede em Brasília (DF) e com filiais em todo o território nacional. Não possui capital aberto e é uma pessoa jurídica autônoma, vinculada ao Ministério da Fazenda.

**(TÉCNICO BANCÁRIO NOVO – CEF – 2014 – CESPE\UNB – CADERNO AGENCIA)**

***(Intermediário)*** Caso a instituição financeira que será debitada não apresente saldo suficiente no momento da liquidação, a correspondente mensagem eletrônica enviada ao BCB por essa instituição será imediatamente cancelada.

Assertiva: INCORRETA. Conforme pode ser consultado na visão geral do Sistema de Pagamento Brasileiro divulgada pelo BACEN "transferência de fundos entre as contas dos participantes do STR passou a ser condicionada à existência de saldo suficiente de recursos na conta do participante emitente da transferência. Para que haja liquidez e consequentemente um melhor funcionamento do sistema de pagamentos no ambiente de liquidação em tempo real (...): o BCB concede, às instituições financeiras participantes do STR, crédito intradia na forma de operações compromissadas com títulos públicos federais, sem custos financeiros."

O SPB adotou uma série de medidas para redução do risco de liquidação, que compreende o risco de crédito, que significa a perda do valor (total ou parcial) de uma operação; e liquidez, que é o risco de uma operação ser liquidada em data posterior à determinada, o que reduziu também o risco sistêmico, possibilitando desta forma uma segurança maior aos participantes.

**(TÉCNICO BANCÁRIO NOVO - CEF - 2014 - CESPE\UNB - CADERNO AGENCIA)** ***(Fácil)*** A conta de reserva bancária é de titularidade obrigatória para os bancos de investimento e bancos múltiplos sem carteira comercial.

Assertiva: INCORRETA. Participam do Sistema de Transferências de Reservas, além do Banco Central do Brasil, os titulares de Conta Reservas Bancárias e os titulares de Conta de Liquidação. A titularidade de Conta Reservas Bancárias é obrigatória para os bancos comerciais, bancos múltiplos com carteira comercial e caixas econômicas e facultativa para os bancos de investimento, os bancos de câmbio, os bancos de desenvolvimento e os bancos múltiplos sem carteira comercial.

**(TÉCNICO BANCÁRIO NOVO - CEF - 2014 - CESPE\UNB - CADERNO AGENCIA)** ***(Difícil)*** Até 2002, o SPB não estava estruturado para que o BCB pudesse acompanhar as operações em tempo real, razão por que a autoridade monetária tinha de arcar com o risco de crédito em eventual inadimplência de alguma instituição.

Assertiva: CORRETA. Na reforma conduzida pelo Banco Central do Brasil, que ocorreu até 2002, o foco foi a administração de riscos. A entrada em funcionamento do Sistema de Transferência de Reservas (abril de 2002), marca o início de uma nova fase do SPB. Até aquele período, para mitigar tal risco e não propagar a falta de liquidez de um participante aos outros, muitas vezes o BCB bancava operações a descoberto em conta Reservas Bancárias, o que significava elevar o seu risco de não receber os recursos em caso de liquidação da instituição financeira, consequentemente, provocando prejuízo para a sociedade brasileira. Com as alterações nos procedimentos, houve significativa redução do risco de crédito incorrido pelo BCB.

**DICA DO AUTOR:** A assertiva pode ser considerada difícil, pois é necessário identificar o ano em que ocorreu essa reforma (2002), algo pouco comum em questões da CESPE, além do fato que a realidade de bancar operações em descoberto está muito distante do observado atualmente, o que pode levar o candidato a imaginar que mesmo após tantas mudanças no cenário econômico brasileiro desde meados dos anos 90, somente em 2002 houve uma reforma efetiva no SPB, por este motivo a assertiva deve ser respondida com atenção.

**(TÉCNICO BANCÁRIO NOVO – CEF – 2014 – CESPE\UNB – CADERNO AGENCIA)** ***(Fácil)*** O SELIC funciona em tempo real, com liquidação da operação mediante a transferência dos recursos para a instituição financeira vendedora e a transferência dos títulos para a instituição financeira compradora.

Assertiva: CORRETA. O SELIC é um sistema de liquidação bruta em tempo real (LBTR), a liquidação de operações é sempre condicionada à disponibilidade do título negociado na conta de custódia do vendedor e à disponibilidade de recursos por parte do comprador. O SELIC se trata do depositário central dos títulos que compõem a dívida pública federal interna (DPMFi) de emissão do Tesouro Nacional e, nessa condição, processa a emissão, o resgate, o pagamento dos juros e a custódia desses títulos.

**(TÉCNICO BANCÁRIO NOVO – CEF – 2014 – CESPE\UNB – CADERNO AGENCIA)** ***(Intermediária)*** As transações realizadas na CETIP envolvem basicamente títulos públicos de renda fixa com alta liquidez.

Assertiva: INCORRETA. A CETIP é depositária principalmente de títulos de renda fixa privados (CDB, RDB, Depósitos Interfinanceiros, Letras de Câmbio, Letras Hipotecárias, Debêntures, *Commercial Papers*, e outros), títulos públicos estaduais e municipais e títulos representativos de dívidas de responsabilidade do Tesouro Nacional.

**(TÉCNICO BANCÁRIO NOVO – CEF – 2014 – CESPE\UNB – CADERNO AGENCIA)** ***(Intermediária)*** A liquidação das operações na CETIP restringe-se à compensação bilateral.

Assertiva: INCORRETA. A forma de compensação bilateral é utilizada na liquidação das operações com derivativos e liquidação bruta em tempo real, nas operações com títulos negociados no mercado secundário. As operações no mercado primário, envolvendo títulos registrados na CETIP, são geralmente liquidadas com compensação multilateral de obrigações, desta forma a CETIP não atua como contraparte central.

**(TÉCNICO BANCÁRIO NOVO - CEF - 2014 - CESPE\UNB - CADERNO AGENCIA)**

***(Fácil)*** O valor mínimo da fatura de cartão de crédito emitida por instituições financeiras, a ser paga mensalmente, não pode ser inferior a 20% do saldo total da fatura.

Assertiva: INCORRETA. O valor mínimo não pode ser inferior a 15% do saldo total da fatura.

DICA DO AUTOR: conforme Resolução 4.549 do Banco Central dispõe sobre o financiamento do saldo devedor da fatura de cartão de crédito e de demais instrumentos de pagamento pós-pagos, não há mais valor mínimo para pagamento, e define inclusive o prazo de financiamento do rotativo, conforme trata o Art. 1º o saldo devedor da fatura de cartão de crédito e de demais instrumentos de pagamento pós-pagos, quando não liquidado integralmente no vencimento, somente pode ser objeto de financiamento na modalidade de crédito rotativo até o vencimento da fatura subsequente.
Outro ponto relevante a ser mencionado conforme § único do artigo supracitado é sobre condição de pagamento, traz a Resolução 4.549 do BC da seguinte forma: o financiamento do saldo devedor por meio de outras modalidades de crédito em condições mais vantajosas para o cliente, inclusive no que diz respeito à cobrança de encargos financeiros, pode ser concedido, a qualquer tempo, antes do vencimento da fatura subsequente.

**(TÉCNICO BANCÁRIO - CEF - 2014 - CESPE/CEBRASPE)**

***(Intermediária)*** A cobrança do uso de cartões de crédito emitidos por instituições financeiras está limitada a três tarifas específicas, são elas: anuidade, segunda via do cartão magnético e uso da função saque.

Assertiva: INCORRETA. Os bancos podem cobrar basicamente cinco tarifas referentes à prestação de serviços de cartão de crédito: anuidade, emissão de segunda via do cartão, pelo seu uso no saque em espécie, pelo seu uso para pagamento de contas (por exemplo, faturas e boletos de cobranças de produtos e serviços) e no pedido de avaliação emergencial do limite de crédito.

# ABERTURA E MOVIMENTAÇÃO DE CONTAS

Este tema possui grande relevância dentro dos conhecimentos específicos e seu conteúdo é regulamentado pela resolução do Banco Central do Brasil nº 2.025 de 1993, alterando e consolidando as normas relativas à abertura, manutenção e movimentação de contas de depósitos.

Para abertura de conta de depósitos é obrigatória a completa identificação do depositante, mediante preenchimento de ficha-proposta contendo, informações mínimas que variam do tipo de pessoa: física ou jurídica. Cabe a instituição financeira verificar a exatidão e a veracidade dos documentos e informações do correntista. As resoluções 2.747 do ano de 2000 e a resolução 2.953 do ano de 2002, também do Banco Central, deve ser consultada, pois apresenta conteúdo sobre o tema, complementando as informações sobre o tema.

Quando há o interesse de abertura de conta o cidadão não pode ser obrigado a escolher uma determinada instituição financeira, inclusive na situação de crédito do salário em conta. No ato de abertura da conta o contrato de abertura deve ser claro e uma via deve ser entregue ao cliente. A ficha proposta deve conter informações sobre a manutenção da conta como: o saldo mínimo, condições para o fornecimento de talonário de cheques, atualização de dados caso haja mudança por parte do depositante, inclusão no cadastro de emitentes de cheques sem fundos (CCF) e procedimentos para encerramento da conta.

| Ficha Proposta | | |
|---|---|---|
| Saldo Mínimo;<br>• Atualização de dados do cliente; | Condições para fornecimento de cheques;<br>Inclusão no CCF; | Procedimentos para encerramento da conta; |

Elaborado pelo autor

A instituição financeira possui deveres para com o correntista, como: a manutenção de cópias dos documentos junto à ficha proposta do cliente, sendo que a sua microfilmagem deverá respeitar um prazo legal. Além destas, a instituição deve providenciar a entrega de talonário de cheque mediante recibo datado; no caso de suspensão no fornecimento do talonário, medidas deverão ser adotadas para a devolução dos referidos cheques. A atualização da ficha de autógrafos, e as condições exigidas para o encerramento da conta são outros deveres das instituições financeiras.

Caso haja previsão contratual ou autorização prévia, o banco pode conceder adiantamento a depositante, se o correntista não estiver com saldo suficiente na conta. O depositante não é obrigado a contratar serviços adicionais ou pacotes de serviços junto com a conta de depósitos.

A conta de depósitos se trata de um contrato voluntário e por tempo indeterminado, onde é possível que qualquer uma das partes manifeste seu interesse na rescisão do contrato, cabendo aos bancos informar aos correntistas as condições para o encerramento da conta, como a devolução de folhas de cheque em poder do cliente, a manutenção dos fundos suficientes para o pagamento de compromissos, o banco deverá acatar o encerramento da conta mesmo que existam cheques para apresentação, cabendo ao banco sua devolução, o que não impede a inclusão do correntista no CCF.

A instituição financeira deverá encerrar conta de depósito em relação à qual verificar irregularidades nas informações prestadas, julgadas de natureza grave, comunicando o fato, de imediato, ao Banco Central do Brasil.

| Resolução 2.025/1993 | Resolução 2.747/2000 | Resolução 2.953/2003 |
|---|---|---|
| • Altera e consolida normas relativas à abertura, manutenção e movimentação de contas de depósitos. | • Altera normas relativas à abertura e ao encerramento de contas de depósitos, a tarifas de serviços e ao cheque. | • Altera normas relativas à abertura, manutenção e movimentação de contas de depósitos e dispõe sobre a contratação de correspondentes. |

Elaborado pelo autor

**(TÉCNICO BANCÁRIO NOVO - CEF - 2010 - CESPE\UNB - CADERNO ECHO)**

***(Intermediário)*** Em relação à abertura e à manutenção de contas de depósitos, assinale a opção correta.

A) A ficha-proposta relativa à conta de depósitos à vista deve conter cláusula que trate do saldo mínimo exigido para manutenção da conta, dos procedimentos para encerramento da conta, da cobrança de tarifa por conta inativa e da possibilidade de cobrança pelos serviços considerados essenciais.

B) A obrigatoriedade de comunicação, pelo depositante, de alteração em seus dados cadastrais restringe-se às hipóteses de mudança de endereço ou de número de telefone.

C) A incidência de tarifas deve estar consignada no contrato firmado entre a instituição financeira e o depositante; não se admite, contudo, a cobrança de taxas para ressarcimento de despesas com a emissão de boletos de cobrança ou carnês, ainda que contratualmente previstas.

D) É permitida a cobrança de tarifa de liquidação antecipada nas operações de crédito contratadas após janeiro de 2008, cabendo à instituição financeira esclarecer ao depositante a sua incidência no momento da abertura da conta de depósitos.

E) Segundo normas vigentes, o oferecimento de um pacote padronizado de serviços prioritários às pessoas físicas situa-se no campo da discricionariedade das instituições financeiras.

Alternativa A: INCORRETA. A ficha proposta de abertura de conta de depósitos não precisa conter informação sobre cobrança de tarifa por conta inativa. Sobre os serviços considerados essenciais existe a cobrança de tarifa caso seja ultrapassado o número máximo de utilização de cada serviço, conforme resolução BACEN 2.025 de 1993.

Alternativa B: INCORRETA. Existe a necessidade de comunicação pelo depositante da alteração nos documentos referidos no art. 1° da resolução 2.025, são eles: nome completo, filiação, nacionalidade, data e local do nascimento, sexo, estado civil, nome do cônjuge, se casado, profissão, documento de identificação (tipo, número, data de emissão e órgão expedidor) e número de inscrição no Cadastro de Pessoas Físicas.

Alternativa C: CORRETA. Conforme resolução do Banco Central nº 3.919 em seu Art. 1° esta cobrança é realmente vedada, segue texto:

§ 2º É vedada a realização de cobranças na forma de tarifas ou de ressarcimento de despesas (...) do sacado, em decorrência da emissão de boletos ou faturas de cobrança, carnês e assemelhados.

Alternativa D: INCORRETA. Admite-se a cobrança de tarifa pela prestação de serviços diferenciados a pessoas naturais, desde que explicitadas ao cliente, porém existem exceções conforme resolução 3.919 art. 5º(...) §1º(...) II - liquidação ou amortização antecipada, cancelamento ou rescisão de contratos.

Alternativa E: INCORRETA. A cesta de serviços deve ser contratada através de contrato específico, com informações claras para facilitar seu entendimento pelo contratante, conforme Art. 8º resolução 3.919 BACEN: A contratação de pacotes de serviços deve ser realizada mediante contrato específico.

**(TÉCNICO BANCÁRIO NOVO – CEF – 2010 – CESPE\UNB – CADERNO LIMA)**

***(Difícil)*** Assinale a opção correta a respeito da disciplina legal da personalidade civil.

A) Presume-se a morte do ausente quando haja decorrido um ano a partir do trânsito em julgado da sentença que concedeu a abertura de sucessão provisória.

B) Os atos constitutivos de pessoa jurídica privada podem eleger domicílio especial.

C) Os partidos políticos são pessoas jurídicas de direito público interno.

D) Folheto publicitário de instituição financeira pode, mesmo sem autorização de correntista, veicular o nome deste, a título ilustrativo e desde que não o exponha a desprezo público.

E) Considera-se incapaz relativamente a certos atos, ou à maneira de exercê-los, o menor que, com quatorze anos de idade completos, tenha economia própria em razão de relação de emprego por ele exercido.

Alternativa A: INCORRETA. A sucessão provisória se converterá em definitiva quando houver certeza da morte do ausente, dez anos depois de passada em julgado a sentença da abertura da sucessão provisória, ou quando o ausente contar oitenta anos de idade e houverem decorrido cinco anos das últimas notícias suas.

Alternativa B: CORRETA. Domicílio da pessoa jurídica de direito privado é o lugar onde funcionarem as respectivas diretorias e administrações, ou onde elegerem domicílio especial no seu estatuto ou atos constitutivos.

Alternativa C: INCORRETA. Conforme LEI 9.096/95 no seu **art. 1º** O partido político, pessoa jurídica de direito privado, destina-se a assegurar, no interesse do regime democrático, a autenticidade do sistema representativo e a defender os direitos fundamentais definidos na Constituição Federal.

Alternativa D: INCORRETA. De acordo com a Constituição Federal no seu art. 5º inc. X existe violação de direito, segue texto: Todos são iguais perante a lei, sem distinção de qualquer natureza, garantindo-se aos brasileiros e aos estrangeiros residentes no País a inviolabilidade do direito à vida, à liberdade, à igualdade, à segurança e à propriedade, nos termos seguintes:

X - são invioláveis a intimidade, a vida privada, a honra e a imagem das pessoas, assegurado o direito a indenização pelo dano material ou moral decorrente de sua violação.

Alternativa E: INCORRETA. A incapacidade cessará para os menores, caso: estabelecimento civil ou comercial, ou pela existência de relação de emprego, desde que, em função deles, o menor com dezesseis anos completos tenha economia própria, conforme Código Civil.

**(TÉCNICO BANCÁRIO NOVO – CEF – 2010 – CESPE\UNB – CADERNO LIMA)**

***(Fácil)*** Assinale a opção correta a respeito da abertura e movimentação de contas de depósitos.

A) A instituição financeira deve manter os originais das fichas propostas enquanto durar o relacionamento com o depositante, admitindo-se a microfilmagem apenas quando hajam transcorrido dez anos após o encerramento da conta.

B) Admite-se a abertura de conta com a utilização de apelido do depositante, desde que a documentação por ele apresentada demonstre que tal apelido corresponde ao tratamento que usualmente lhe é dispensado.

C) Deve o correntista, ao firmar ficha-proposta para abertura de conta de depósito, fornecer informações verídicas, sob pena de responsabilidade civil e penal, dispensando-se a instituição financeira de conferir a exatidão de tais informações à vista de documentação competente.

D) Admite-se a estipulação de limitações à sustação de pagamento de cheques unicamente se a ficha-proposta trouxer cláusula expressa sobre o assunto.

E) É vedado o fornecimento de talonário de cheques ao depositante enquanto não forem verificadas as informações constantes da ficha-proposta ou quando, a qualquer tempo, forem constatadas irregularidades nos dados de identificação do depositante ou de seu procurador.

Alternativa A: INCORRETA. Tal situação pode ser verificada na resolução 2.025/93 do BACEN no seu Art. 4º As fichas-proposta, bem como as cópias da documentação referida no artigo anterior, poderão ser microfilmadas, decorrido o prazo mínimo de 5 (cinco) anos, observada a regulamentação vigente.

Alternativa B: INCORRETA. Verificando novamente a resolução 2.025/93 em seu Art. 5º É proibida a abertura de conta sob nome abreviado ou de qualquer forma alterado, inclusive mediante supressão de parte ou partes do nome do depositante. O plástico dos cartões pode conter abreviações ou supressão de nomes, o que não significa que a conta foi aberta de forma divergente a documentação legalmente aceita, isso pode ocorrer pela ausência de espaço físico no plástico.

Alternativa C: INCORRETA. Outra situação que pode ser observada na mesma resolução anteriormente citada, Art. 3º As informações constantes da ficha-proposta, bem como os elementos de identificação e localização do proponente, devem ser conferidos à vista de documentação competente, observada a responsabilidade da instituição pela verificação acerca da exatidão das informações prestadas. (Redação dada pela Resolução nº 2.953/2002).

Alternativa D: INCORRETA. Outra situação onde a mesma resolução pode ser aplicada, conforme seu Art. 9º É vedada a estipulação de cláusulas na ficha-proposta que, em qualquer hipótese, impeçam ou criem limitações à sustação de pagamento de cheques.

Alternativa E: CORRETA. Esta alternativa está presente na totalidade do art. 6º da resolução 2.025/93, conforme texto: "É vedado o fornecimento de talonário de cheques ao depositante enquanto não verificadas as informações constantes da ficha-proposta ou quando, a qualquer tempo, forem constatadas irregularidades nos dados de identificação do depositante ou de seu procurador."

**DICA DO AUTOR:** Oriento a leitura atenta de toda a resolução 2.025 de 1993 do Banco Central do Brasil, que altera e consolida as normas relativas à abertura, manutenção e movimentação de contas de depósitos. A questão anterior pode ser totalmente verificada nas informações contidas nesta resolução.

**(TÉCNICO BANCÁRIO NOVO – CEF – 2010 – CESPE\UNB – CADERNO LIMA)**

***(Intermediário)*** Em relação à abertura e manutenção de contas de depósitos, assinale a opção correta.

A) A possibilidade de cobrança pelo serviço de compensação de cheques deve estar prevista no contrato firmado entre a instituição financeira e o correntista.

B) O contrato de abertura de conta de depósitos de poupança pode prever a cobrança de tarifa por consultas realizadas pelo correntista por meio do sítio da instituição financeira na Internet.

C) A regulamentação determina que o correntista seja informado, exclusivamente por carta postal registrada, a respeito da data do efetivo encerramento da conta de depósitos à vista.

D) Na ficha-proposta relativa a conta de depósitos à vista, deve constar a informação de que, na hipótese de encerramento da conta, o depositante deverá devolver à instituição financeira as folhas de cheques em seu poder ou deve apresentar uma declaração de que essas folhas foram inutilizadas.

E) Na ficha-proposta de conta de depósitos à vista, deve constar esclarecimento ao depositante de que o pedido de encerramento da conta não será acatado na hipótese de existência de cheques sustados.

Alternativa A: INCORRETA. A Resolução CMN 3.919 de 2010 veda a cobrança pelo serviço de compensação de cheques.

Alternativa B: INCORRETA. O serviço de consultas realizadas na internet não podem haver cobrança tarifaria por parte da instituição financeira.

Alternativa C: INCORRETA. A resolução do BACEN 2.747 no Art. 12, fala que deve haver comunicação prévia, por escrito, mais não fala que deve ser exclusivamente por carta postal registrada.

Alternativa D: CORRETA. A resolução do BACEN 2.747 no Art. 12 na ficha cadastro deve sim constar as informações na ficha cadastro para que em caso de encerramento da conta o titular da conta efetue a devolução, à instituição financeira, das folhas de cheque em poder do correntista, ou de apresentação de declaração, por esse último, de que as inutilizou.

Alternativa E: INCORRETA. O pedido de encerramento da conta deve ser acatado nos casos de existência de cheques sustados.

**(TÉCNICO BANCÁRIO NOVO – CEF – 2012 - CESGRANRIO – Prova I)**

***(Fácil)*** No ato de abertura de uma conta corrente, os bancos devem apresentar aos clientes todas as condições básicas para movimentação e encerramento de conta. Essas condições devem constar, obrigatoriamente, no(a):

A) folheto de propaganda do banco

B) contrato de abertura de conta corrente

C) site do banco, para consulta de todos os interessados

D) intranet do banco, para consulta dos funcionários

E) proposta para cadastro no Banco Central

Alternativa A: INCORRETA. O folheto se trata de um impresso de poucas folhas, com capa ou sem ela; não se trata de um contrato entre diferentes partes.

Alternativa B: CORRETA. Conforme resolução 2.025 de 24.11. 1993 do Banco Central do Brasil o contrato estabelece, entre outros itens, as regras a serem observadas para a movimentação da conta, os direitos e as obrigações das partes envolvidas, incluindo os requisitos para sua rescisão e para o encerramento da conta de depósitos, observada a regulamentação do Conselho Monetário Nacional e do Banco Central do Brasil.

Alternativa C: INCORRETA. O site poderá trazer informações relevantes sobre a movimentação e o encerramento de contas, porém segundo o BCB, no momento da abertura da conta, a instituição financeira deverá entregar ao consumidor a cópia do contrato firmado, no qual devem constar todas as informações prestadas antes e no momento da contratação.

Alternativa D: INCORRETA. A intranet é uma rede de computadores de acesso privado, ligada à Internet, ou seja o cliente não possui acesso as informações disponíveis na Intranet, não atendendo as regras do BC.

Alternativa E: INCORRETA. A abertura de conta é um contrato firmado entre o cliente e a instituição financeira, não necessitando o cadastro do cliente no Banco Central. A Instituição Financeira deve ser cadastrada no BC para operar no mercado.

**(TÉCNICO BANCÁRIO NOVO - CEF - 2012 - CESGRANRIO - Prova I)**

***(Intermediário)*** Para estabelecer um relacionamento bancário, as pessoas devem comprovar o seu domicílio. No caso das pessoas jurídicas de direito privado, o seu domicílio é o:

A) estabelecimento principal da empresa, ou matriz, desconsiderando os domicílios locais das suas filiais.
B) lugar onde funcionarem as respectivas diretorias e administrações, ou onde elegerem domicílio especial em seu estatuto ou atos constitutivos.
C) local definido por legislação específica, aplicável a cada tipo de empresa, de acordo com sua personalidade jurídica.
D) local onde são realizadas as principais transações comerciais e a prestação de serviço com atendimento ao público.
E) local de residência dos sócios-fundadores da empresa ou dos membros do conselho de administração, em caso de companhias abertas.

Alternativa A: INCORRETA. Esta alternativa não está contemplada no Art. 75 do Código Civil.

Alternativa B: CORRETA. Conforme o art. 75, IV do Código Civil, nesse caso será considerado como "demais pessoas jurídicas", além da União, Estados e municípios, citados anteriormente.

Alternativa C: INCORRETA. Não existe orientação neste sentido, indicando assim que a referida alternativa não possui embasamento jurídico.

Alternativa D: INCORRETA. Esta alternativa não está contemplada no Art. 75 do Código Civil.

Alternativa E: INCORRETA. Esta alternativa não está contemplada no Art. 75 do Código Civil.

**(TÉCNICO BANCÁRIO NOVO - CEF - 2014 - CESPE\UNB - CADERNO AGENCIA)**

***(Intermediário)*** Candidato a cargo legislativo que esteja inscrito no CCF não pode abrir conta corrente.

Assertiva: INCORRETA. Conforme a resolução 2.025 de 1993 os candidatos e partidos que estiverem incluídos no Cadastro de Emitentes de Cheque sem Fundos (CCF) não terão acesso à talão de cheques, porém fica facultada a instituição financeira a abertura, manutenção ou encerramento de contas de depósitos.

**(TÉCNICO BANCÁRIO NOVO – CEF – 2014 – CESPE\UNB – CADERNO AGENCIA)**

***(Fácil)*** A cobrança de tarifa para a emissão de segunda via de cartões com a função débito é permitida nos casos de pedidos de reposição formulados pelo correntista e decorrentes de motivos não imputáveis à instituição financeira emitente.

Assertiva: CORRETA. Nos casos de solicitação de segunda via de cartões com função débito somente não é permitida a cobrança da tarifa nos casos imputável a instituição financeira.

# CHEQUE

O cheque é uma ordem de pagamento à vista, desta forma se trata de um documento por meio do qual o cliente ordena que o banco retire dinheiro de sua conta imediatamente e pague a pessoa nele indicada. A Lei de nº 7.357 de dois de setembro de 1985 trata sobre o cheque, e possui conteúdo bastante abrangente sendo frequentemente exigida nos concursos públicos sempre figurando nos assuntos de conhecimentos específicos. A referida lei traz nos seus capítulos as disposições gerais, sobre emissão, formatação, apresentação, pagamento, transmissão, aval, sobre cheque cruzado, daquele que será creditado na conta, da ação por ausência de pagamento, da pluralidade, das alterações e da prescrição.

A utilização do cheque envolve o emitente, que se trata daquele que emite o cheque (emissor ou sacador); o beneficiário, que é o favorecido o qual o cheque deverá ser pago e o sacado que é a instituição financeira onde está depositado o recurso do emitente.

| Emitente | Beneficiário | Sacado |
|---|---|---|
| • Emissor ou sacador do cheque;<br>• Titular da conta onde estão depositados os fundos para quitação da ordem de pagamento. | • Se trata do favorecido;<br>• O cheque deve ser pago ao seu favorecido (pessoa física ou jurídica) ou ao portador que o apresentar. | • Instituição financeira onde está depositado o recurso do emitente. |

Elaborado pelo autor

Podemos considerar que o cheque é um título de crédito para o beneficiário que o recebe, pois este pode ser protestado ou executado em juízo. A relação jurídica ocorre entre o emitente e o sacado, tendo como base a conta bancária, a outra é entre o emitente e o beneficiário.

O cheque se difere das cédulas e moedas por não ter o curso forçado, ou seja, não existe a obrigatoriedade de aceitação do cheque por parte do credor, assim como a instituição bancária não está obrigada a fornecer cheques a todos os clientes, possuindo alguns impeditivos, como a inclusão no CCF (Cadastro de Emitentes de Cheques sem Fundos). A emissão deliberada de cheques sem a respectiva provisão de fundos é considerada crime de estelionato.

A emissão do cheque pode ocorrer de forma nominal à ordem, onde pode ser apresentado pelo beneficiário indicado no cheque podendo ser endossado; nominal não à ordem, onde não é possível a transferência por parte do beneficiário e o cheque ao portador, o qual deve ser pago a quem o apresentar, sem a necessidade de indicação, porém com limitação de valor. A apresentação de um cheque da mesma praça se dá dentro de um prazo de 30 dias, caso o cheque seja de outra praça seu prazo de apresentação é de 60 dias, já a prescrição ocorre em 6 meses. Caso o cheque seja apresentado após o período de prescrição o mesmo será devolvido.

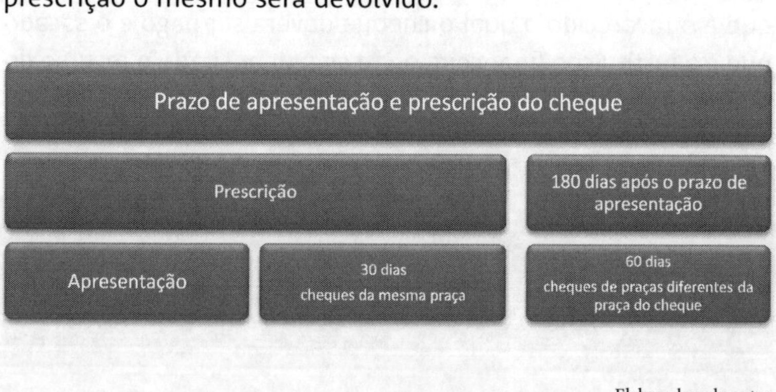


Elaborado pelo autor

O emitente ou o portador do cheque podem solicitar ao banco sacado a oposição ou a sustação do cheque durante o prazo de apresentação, caso já tenha decorrido este prazo será necessário que o emitente solicite uma contraordem ou uma revogação do pagamento. Não cabe ao banco limitar ou impedir o pagamento de um cheque, porém o mesmo poderá cobrar tarifa pelo serviço.

**(TÉCNICO BANCÁRIO NOVO – CEF – 2012 - CESGRANRIO – Prova I)**

***(Fácil)*** O prazo de bloqueio dos cheques varia em função dos seus valores. Para a liberação dos depósitos de cheques com valores inferiores a R$ 300,00, o prazo é de até:

A) um dia útil, a contar da data do depósito.

B) dois dias úteis, contados a partir do dia útil seguinte ao do depósito.

C) dois dias corridos, contados a partir do dia útil seguinte ao depósito.

D) três dias corridos, a contar da data do depósito.

E) quatro dias úteis, a contar da data do depósito.

Alternativa B: CORRETA. Segundo tabela de prazos dos cheques compensados válida a partir de 20-7-2011 divulgada pelo Banco Central, os cheques apresentados via centralizadora de compensação de cheques (COMPE) serão compensados em até dois dias úteis, contados a partir do dia útil seguinte ao do depósito.

Alternativa A, C, D, E: INCORRETAS. Não atendem os critérios da Tabelas de Prazos dos Cheques Compensáveis do BACEN.

DICA DO AUTOR: O prazo de compensação de cheques de valor não superior a R$ 299,99 (duzentos e noventa e nove reais e noventa e nove centavos) mudou em 16/04/2018, os cheques passaram a ser compensados no prazo de 1 (um) dia útil, obedecendo a circular 3.859 expedida pelo Banco Central do Brasil. Os bancos e a COMPE tiveram 180 dias para se adequar as novas regras.

**(TÉCNICO BANCÁRIO NOVO – CEF – 2014 – CESPE\UNB – CADERNO AGENCIA)**

***(Intermediária)*** A instituição financeira é obrigada a fornecer, gratuitamente, até dez folhas de cheques por mês ao correntista que reúna os requisitos legais para o uso desse documento.

Assertiva: CORRETA. Essa assertiva pode ser verificada na Resolução 3.919, art. 2º inciso I do Banco Central do Brasil. Verifique que no texto da resolução informa que o fornecimento de cheque é de acordo com a regulamentação em vigor e as condições pactuadas. Segundo a Resolução 3.972 de 28.04.2011 art.2º as exigências são: saldo suficiente para o pagamento de cheques; restrições cadastrais; histórico de práticas e ocorrências na utilização de cheques; estoque de folhas de cheque em poder do correntista; registro no Cadastro de Emitentes de Cheques sem Fundos (CCF); regularidade dos dados e dos documentos de identificação do correntista.

**(TÉCNICO BANCÁRIO NOVO – CEF – 2014 – CESPE\UNB – CADERNO AGENCIA)**

***(Fácil)*** Caso um cheque fique bloqueado por motivo de compensação por prazo superior ao regulamentado, o valor depositado deve ser remunerado, por dia de excesso, pela taxa de juros equivalente à taxa referencial do SELIC.

Assertiva: CORRETA. Segundo a Tabela de Prazos dos Cheques Compensáveis (válida desde 20.7.2011) divulgada pelo Banco Central, orienta que os prazos de bloqueio para cheques acima do valor-limite, atualmente no valor de R$ 299,99, possuem prazo de bloqueio de 1 dia útil; e até o valor limite, o prazo de dois dias úteis, sempre contados a partir do dia seguinte ao depósito. Sendo assim, os valores depositados que sofrerem bloqueio por prazos superiores aos divulgados neste documento devem ser remunerados, por dia de excesso, pela Taxa Selic.

DICA DO AUTOR: O prazo de compensação de cheques de valor não superior a R$ 299,99 (duzentos e noventa e nove reais e noventa e nove centavos) mudou em 16/04/2018, os cheques passaram a ser compensados no prazo de 1 (um) dia útil, obedecendo a circular 3.859 expedida pelo Banco Central do Brasil. Os bancos e a COMPE tiveram 180 dias para se adequar as novas regras.

**(TÉCNICO BANCÁRIO NOVO – CEF – 2010 – CESPE\UNB – CADERNO LIMA)**

***(Intermediário)*** Assinale a opção correta no que concerne ao cheque.

A) Constituem requisitos essenciais do cheque, entre outros, a denominação "cheque", a ordem condicional de pagar quantia determinada ou determinável e a indicação do nome do sacado.

B) O cheque pode ser emitido contra qualquer pessoa física ou jurídica.

C) A simples devolução indevida de cheque caracteriza dano moral, segundo jurisprudência do Superior Tribunal de Justiça.

D) Quando lançado aceite em cheque, a instituição financeira deve reservar, na conta-corrente mantida pelo emitente, fundos suficientes para seu pagamento.
E) Embora legalmente admissível, a estipulação de pagamento de juros em cheques constitui prática repudiada pelas instituições financeiras, tendo em vista o acréscimo nos riscos de inadimplência.

Alternativa A: INCORRETA. Conforme LEI 7.357/85 no seu art. 1º o cheque contém:

I - a denominação "cheque" inscrita no contexto do título e expressa na língua em que este é redigido;

II - a ordem incondicional de pagar quantia determinada;

III - o nome do banco ou da instituição financeira que deve pagar (sacado).

Alternativa B: INCORRETA. De acordo com a lei citada na alternativa anterior em seu Art. 3º O cheque é emitido contra banco, ou instituição financeira que lhe seja equiparada, sob pena de não valer como cheque.

Alternativa C: CORRETA. Conforme súmula 388 do STJ: "a simples devolução indevida de cheque caracteriza dano moral". Situação fática caracterizadora de desrespeito à pessoa humana. Incontroversos os transtornos e os aborrecimentos experimentados pela consumidora pela devolução indevida de cheques.

Alternativa D: INCORRETA. Segundo a LEI 7.357/85 no seu Art. 6º O cheque não admite aceite considerando-se não escrita qualquer declaração com esse sentido.

Alternativa E: INCORRETA. Conforme o inciso II do Art. 52º da citada anteriormente o portador pode exigir do demandado os juros legais desde o dia da apresentação, além da importância do cheque não pago.

**(TÉCNICO BANCÁRIO NOVO – CEF – 2010 – CESPE\UNB – CADERNO ECHO)**

***(Intermediário)*** Assinale a opção correta a respeito do cheque.

A) Na compensação de cheque de valor igual ou superior ao valor de referência para liquidação bilateral de cheques (VLB-Cheque), o pagamento à instituição acolhedora será efetuado por intermédio do Sistema de Transferência de Reservas, em caráter irrevogável e incondicional.
B) Segundo a regulamentação do sistema de compensação de cheques, a apresentação dos cheques à instituição financeira sacada caracteriza-se pela entrega física do título, não sendo admitida a apresentação de cheques por meio da remessa dos correspondentes registros eletrônicos.
C) Segundo a regulamentação do sistema de compensação de cheques, a instituição financeira sacada não será responsabilizada, em hipótese alguma, por eventuais prejuízos causados aos clientes em caso de

retardamento do pagamento de cheques tempestivamente apresentados.

D) Na compensação de cheque de valor igual ou superior ao VLB-Cheque, o cheque acolhido em depósito será pago diretamente pela instituição financeira sacada à instituição financeira acolhedora no mesmo dia de sua apresentação.

E) Os prazos de apresentação, de pagamento e de bloqueio de cheque de valor igual ou superior ao VLB-Cheque não podem ser prorrogados.

Alternativa A: CORRETA. O Banco Central restringe a liquidação dos documentos emitidos com valor inferior a R$ 250 mil à modalidade diferida líquida, ao passo que os cheques e os boletos de pagamento de valor igual ou superior a esse limite são liquidados entre as instituições, no STR e de forma bilateral, pelos valores brutos agregados (sem compensação), de acordo com a circular 3.254/2004 do BACEN no seu Art. 1º.

Alternativa B: INCORRETA. A COMPE liquida as obrigações interbancárias relacionadas com cheques de valor inferior ao VLB-Cheque que é de R$ 250 mil. Em todo Brasil, adota a "truncagem" de cheques na compensação, procedimento que consiste na troca da imagem digitalizada e dos outros registros eletrônicos do cheque, tornando desnecessário o transporte do cheque físico da instituição acolhedora para a instituição sacada.

Alternativa C: INCORRETA. Os valores depositados que sofrerem bloqueio por prazos superiores aos divulgados pelo BACEN devem ser remunerados, por dia de excesso, pela Taxa Selic. Acima do valor limite, que é de R$ 299,99*: um dia útil. Até esse valor, dois dias úteis, contado do dia útil seguinte ao depósito.

Alternativa D: INCORRETA. Nesta situação não há compensação, pois os cheques e os boletos de pagamento de valor igual ou superior ao VLB são liquidados entre as instituições, no STR e de forma bilateral, pelos valores brutos agregados. A estrutura operacional da COMPE poderá ser utilizada para apresentação e devolução dos cheques.

Alternativa E: INCORRETO. O prazo de bloqueio do depósito do cheque de que trata esta circular pode se estender, no máximo, até o encerramento do dia útil seguinte ao de seu acolhimento, conforme estabelece o Art. 3º da circular 3.254/2004 do Banco Central do Brasil.

**DICA DO AUTOR:** *O prazo de compensação de cheques de valor não superior a R$ 299,99 (duzentos e noventa e nove reais e noventa e nove centavos) mudou em 16/04/2018, os cheques passaram a ser compensados no prazo de 1 (um) dia útil, obedecendo a circular 3.859 expedida pelo Banco Central do Brasil. Os bancos e a COMPE tiveram 180 dias para se adequar as novas regras.

# BOLSA DE VALORES E BOLSA DE MERCADORIAS E FUTUROS

As bolsas de valores conforme definição do Banco Central "são sociedades anônimas ou associações civis, com o objetivo de manter local ou sistema adequado ao encontro de seus membros e à realização entre eles de transações de compra e venda de títulos e valores mobiliários, em mercado livre e aberto, especialmente organizado e fiscalizado por seus membros e pela Comissão de Valores Mobiliários". Regulamentado pela Resolução 2.690/2000 que trata sobre disciplina a constituição, a organização e o funcionamento das bolsas de valores, as bolsas possuem autonomia financeira, patrimonial e administrativa.

Para início de suas operações, as Bolsas de Valores necessitam de prévia autorização da Comissão de Valores Mobiliários. Os administradores das bolsas de valores devem exercer as atribuições que a lei, as normas complementares e os estatutos lhes conferem para lograr os fins e no interesse da instituição, satisfeitas as exigências do bem público e da função social da entidade. As demonstrações financeiras das bolsas serão auditadas por auditor independente registrado na Comissão de Valores Mobiliários, também conhecida como CVM, garantindo que não ocorra conflito de interesses.

Em 1976 foi criada a Lei 6.385 que dispõe sobre o mercado de valores mobiliários e cria a Comissão de Valores Mobiliários. A CVM se trata de uma entidade autárquica em regime especial, vinculada ao Ministério da Fazenda, com personalidade jurídica e patrimônio próprios, dotada de autoridade administrativa independente, ausência de subordinação hierárquica, mandato fixo e estabilidade de seus dirigentes, e autonomia financeira e orçamentária. A CVM compete expedir normas que dentre outras providências exijam que os emissores de títulos se constituam sob a forma de sociedade anônima, sobre auditoria independente das demonstrações financeiras, entre outros.

**A Lei 6.385/1976* considera que são valores mobiliários:**

- as ações, debêntures e bônus de subscrição;
- os cupons, direitos, recibos de subscrição e certificados de desdobramento relativos aos valores mobiliários;
- os certificados de depósito de valores mobiliários;
- as cédulas de debêntures;
- as cotas de fundos de investimento em valores mobiliários ou de clubes de investimento em quaisquer ativos;
- as notas comerciais;
- os contratos futuros, de opções e outros derivativos;
- outros contratos derivativos, independentemente dos ativos subjacentes;
- outros títulos ou contratos de investimento coletivo, que gerem direito de participação, de parceria ou de remuneração (...).

*Alterado pela lei 10.303/2001

Elaborado pelo autor

O local onde são negociados os valores mobiliários pela primeira vez, com a emissão dos títulos realizados pela organização detentora dos seus ativos, é conhecido como mercado primário; desta forma o capital arrecadado por meio deste lançamento é destinado à instituição que realizou a oferta. Quando a empresa lança pela primeira vez suas ações na bolsa de valores essa oferta é conhecida como IPO (*Initial Public Offering* ou oferta pública inicial, em português) ou oferta inicial.

**Quando ocorre a venda das ações por outro que não seja a empresa que as lançou inicialmente, esta negociação acontece no mercado secundário, significando uma transferência de recurso monetário entre investidores, sem que este valor financie projetos da empresa que os detinha anteriormente. A negociação no mercado secundário garante a liquidez dos ativos e é de suma importância para a manutenção de investidores, e consequentemente de um panorama positivo para a sociedade e para a economia.**

As bolsas de mercadorias e futuros também são fiscalizadas pela CVM e possuem autonomia financeira, patrimonial e administrativa. Conforme definição do BACEN as bolsas de mercadorias e futuros são associações privadas civis, com objetivo de efetuar o registro, a compensação e a liquidação, física e financeira, das operações realizadas em pregão ou em sistema eletrônico. Para tanto, devem desenvolver, organizar e operacionalizar um mercado de derivativos livre e transparente, que proporcione aos agentes econômicos a oportunidade de efetuarem operações de *hedge* (proteção) contra flutuações de preço de commodities agropecuárias, índices, taxas de juro, moedas e metais, bem como de todo e qualquer instrumento ou variável macroeconômica cuja incerteza de preço no futuro possa influenciar negativamente suas atividades.

| | |
|---|---|
| Debênture | • Título de crédito originário de um empréstimo contraído por uma empresa, cujos direitos do detentor do papel estão especificados no documento de emissão; |
| Ações | • Valores mobiliários que representam uma parcela do capital de uma sociedade; títulos que garantem aos seus proprietários ou investidores suas partes nessa sociedade; |
| Notas Comercial ou "Commercial Paper" | • Título de emissão de sociedades anônimas, de capital aberto ou fechado, como forma de captação de recursos junto a investidores que possuem o direito de crédito contra ela; |
| Fundo de Investimento | • Fundo Fechado: Condomínio para aplicação em títulos e valores mobiliários e quaisquer outros ativos disponíveis no mercado financeiro e de capitais. Possuem data de vencimento e o resgate ocorre no final do período do fundo;<br>• Fundo Aberto: Mesmo conceito do Fundo Fechado, porém se caracterizam pela inexistência de data de vencimento, desta forma os condôminos podem solicitar aplicação e resgate de cotas durante a sua vigência. |

Elaborado pelo autor

**(TÉCNICO BANCÁRIO NOVO – CEF – 2010 – CESPE\UNB – CADERNO ECHO)**

***(Intermediário)*** Assinale a opção correta a respeito do mercado de capitais no Brasil.

A) Veda-se à entidade que administra mercado de balcão organizado o estabelecimento de requisitos próprios para que valores mobiliários sejam admitidos à negociação em seu sistema, sendo-lhe permitido, não obstante, disciplinar procedimentos de cunho meramente operacional referentes ao registro dos valores mobiliários.

B) Ao ser efetuado o registro da propriedade de ações escriturais em conta de depósito, aberta em nome do acionista na instituição depositária, transfere-se à referida instituição o direito a voto inerente a tais ações.

C) O penhor de ações escriturais constitui-se mediante averbação do respectivo instrumento em cartório de registro de títulos e documentos.

D) A debênture pode ter garantia real ou garantia flutuante, a depender do que dispuser sobre o assunto a escritura de emissão.

E) Excluem-se do regime da Lei n.º 6.385/1976 – que dispõe sobre o mercado de valores mobiliários e cria a CVM – as debêntures emitidas por instituições financeiras.

Alternativa A: INCORRETA. Pode ser verificado no art. 61 da lei 6.404/76 no seu § 3º: A Comissão de Valores Mobiliários poderá aprovar padrões de cláusulas e condições que devam ser adotados nas escrituras de emissão de debêntures destinadas à negociação em bolsa ou no mercado de balcão, e recusar a admissão ao mercado da emissão que não satisfaça a esses padrões.

Alternativa B: INCORRETA. Segundo o Art. 34. Da lei 6.404 "o estatuto da companhia pode autorizar ou estabelecer que todas as ações da companhia, ou uma ou mais classes delas, sejam mantidas em contas de depósito, em nome de seus titulares, na instituição que designar, sem emissão de certificados" devendo ser observado ainda o Art. 115. "o acionista deve exercer o direito a voto no interesse da companhia".

Alternativa C: INCORRETA. Conforme art. 39 da Lei 6.404 "o penhor ou caução de ações se constitui pela averbação do respectivo instrumento no livro de Registro de Ações Nominativas", sendo que o penhor da ação escritural se constitui pela averbação do respectivo instrumento nos livros da instituição financeira, a qual será anotada no extrato da conta de depósito fornecido ao acionista.

Alternativa D: CORRETA. A emissão da debênture poderá ser efetuada com ou sem garantias. No caso da emissão com garantia, temos:

Garantia Real - envolvendo o comprometimento de bens ou direitos que não poderão ser negociados sem a aprovação dos debenturistas, para que a garantia não fique comprometida.

Garantia Flutuante - assegura privilégio geral sobre o ativo da emissora, mas não impede a negociação dos bens que compõe esse ativo.

Alternativa E: INCORRETA. Segundo a própria Lei Excluem-se os títulos cambiais de responsabilidade de instituição financeira, exceto as debêntures.

**(TÉCNICO BANCÁRIO NOVO – CEF – 2012 - CESGRANRIO – Prova I)**

***(Intermediário)*** As sociedades corretoras de títulos e valores mobiliários são constituídas sob a forma de sociedade anônima ou por quotas de responsabilidade limitada. Um dos seus objetivos principais é:

A) controlar o mercado de seguros.

B) regular o mercado de valores imobiliários.

C) assegurar o funcionamento eficiente do mercado de Bolsa de Valores.

D) subscrever emissões de títulos e valores mobiliários no mercado.

E) estimular a formação de poupança e sua aplicação em valores mobiliários.

Alternativa A: INCORRETA. A SUSEP é o órgão responsável pelo controle e fiscalização dos mercados de seguro, previdência privada aberta, capitalização e resseguro e não as sociedades corretoras de títulos e valores mobiliários.

Alternativa B: INCORRETA. A missão da CVM é desenvolver, regular e fiscalizar o Mercado de Valores Mobiliários, como instrumento de captação de recursos para as empresas, protegendo o interesse dos investidores e assegurando ampla divulgação das informações sobre os emissores e seus valores mobiliários. Contudo, a questão trata da regulação de mercado de valores imobiliários, tornando a verificação do erro ainda mais evidente.

Alternativa C: INCORRETA. Garantir o funcionamento eficiente do mercado de Bolsa de Valores está entre as atribuições da Comissão de Valores Mobiliários (art. 1º da Lei nº 6.385, de 7 de dezembro de 1976).

Alternativa D: CORRETA. Subscrever emissões de títulos e valores mobiliários está entre as principais funções das sociedades corretoras de títulos e valores mobiliários, assim como: comprar e vender títulos e valores mobiliários por conta própria e de terceiros, operar em bolsas de mercadorias e de futuros por conta própria e de terceiros, intermediar a oferta pública e distribuição de títulos e valores mobiliários no mercado, operar em bolsas de valores, administrar carteiras e custodiar de títulos e valores mobiliários, entre outros.

Alternativa E: INCORRETA. Mais uma atribuição da CVM e não das sociedades corretoras de títulos e valores mobiliários.

DICA DO AUTOR: São valores mobiliários, quando ofertados publicamente, quaisquer títulos ou contratos de investimento coletivo que gerem direito de participação, de parceria ou remuneração, inclusive resultante da prestação de serviços, cujos rendimentos advém do esforço do empreendedor ou de terceiros, segundo Art. 1º da LEI 10.198\2001, a partir da MP nº 2110-40\2001.

**(TÉCNICO BANCÁRIO NOVO – CEF – 2010 – CESPE\UNB – CADERNO ECHO)**
***(Fácil)*** As debêntures:

A) devem ter seu valor nominal expresso em moeda nacional.
B) não podem ser adquiridas por companhias que as emitirem.
C) trazem no certificado, que é documento de emissão obrigatória, os direitos de crédito dos titulares dos valores mobiliários.

D) podem conter cláusula de correção monetária com base em referenciais não expressamente vedados em lei, inclusive na variação da taxa cambial.

E) podem ser emitidas pela CAIXA, já que esta, por ser instituição financeira, foi constituída sob a forma de sociedade anônima.

Alternativa A: INCORRETA. Conforme a LEI 6.404/76 em seu Art. 54. A debênture terá valor nominal expresso em moeda nacional, salvo nos casos de obrigação que, nos termos da legislação em vigor, possa ter o pagamento estipulado em moeda estrangeira.

Alternativa B: INCORRETA. De acordo com a legislação de Sociedade por Ações (6.404/76) em seu Art. 55. § 3º É facultado à companhia adquirir debêntures de sua emissão.

Alternativa C: INCORRETA. No Art. 63 da LEI 6.404/76 em seu § 1º As debêntures podem ser objeto de depósito com emissão de certificado.

Alternativa D: CORRETA. Citando legislação abordada anteriormente no seu Art. 54 § 1º A debênture poderá conter cláusula de correção monetária, com base nos coeficientes fixados para correção de títulos da dívida pública, na variação da taxa cambial ou em outros referenciais não expressamente vedados em lei.

Alternativa E: INCORRETA. As debêntures podem ser emitidas por sociedades anônimas, a Caixa Econômica Federal se trata de empresa pública.

**(TÉCNICO BANCÁRIO NOVO – CEF – 2010 – CESPE\UNB – CADERNO ECHO)**

***(Difícil)*** Assinale a opção correta acerca das ações preferenciais.

A) As vantagens das ações preferenciais consistem na prioridade na distribuição de dividendos ou na prioridade no reembolso do capital, sendo vedada a acumulação dessas duas preferências.

B) O estatuto de uma companhia pode excluir, do direito de participar dos aumentos de capital decorrentes da capitalização de reservas ou lucros, as ações preferenciais com dividendo fixo.

C) A fim de serem admitidas para negociação no mercado de valores mobiliários, todas as ações preferenciais devem assegurar o direito de serem incluídas na oferta pública de alienação de controle.

D) O número de ações preferenciais sem direito a voto, ou sujeitas a restrição no exercício desse direito, pode chegar a 70% do total das ações emitidas.

E) Ofende a Lei das Sociedades Anônimas um estatuto que assegure a determinada classe de ações preferenciais o direito de eleger, em votação separada, membros dos órgãos de administração da companhia.

Alternativa A: INCORRETO. O acionista pode acumular os dois benefícios, conforme pode ser verificado no texto da LEI 6.404/76:

Art. 17. As preferências ou vantagens das ações preferenciais podem consistir:

I - em prioridade na distribuição de dividendo, fixo ou mínimo;

II - em prioridade no reembolso do capital, com prêmio ou sem ele; ou

III - na acumulação das preferências e vantagens de que tratam os incisos I e II.

Alternativa B: CORRETA. Conforme verificado no Art. 17 da LEI 6.404/76 em seu inciso 5º salvo no caso de ações com dividendo fixo, o estatuto não pode excluir ou restringir o direito das ações preferenciais de participar dos aumentos de capital decorrentes da capitalização de reservas ou lucros.

Alternativa C: INCORRETA. Ainda conforme a lei 6.404/76 Art. 17 §1º, III, pode ser verificada a informação: "direito de serem incluídas na oferta pública de alienação e de controle (...) assegurado o dividendo pelo menos igual ao das ações ordinárias", porém há outras situações onde as ações preferenciais sem direito a voto ou com restrições a este podem ser enquadradas, ou seja, a informação sobre a totalidade anula esta questão.

Alternativa D: INCORRETA. O número de ações preferenciais sem direito a voto, ou sujeitas a restrição no exercício desse direito, não pode ultrapassar 50% (cinquenta por cento) do total das ações emitidas.

Alternativa E: INCORRETA. Conforme verificado na LEI 6.404/76, mais especificamente no seu artigo 18. O estatuto pode assegurar a uma ou mais classes de ações preferenciais o direito de eleger, em votação em separado, um ou mais membros dos órgãos de administração.

**(TÉCNICO BANCÁRIO NOVO – CEF – 2010 – CESPE\UNB – CADERNO LIMA)**

***(Intermediário)*** Em relação a sociedades anônimas e mercados de capitais, assinale a opção correta.

A) A responsabilidade patrimonial dos sócios ou acionistas de uma companhia tem como limite o valor de mercado das ações.

B) Os titulares de 15% das ações de companhia aberta podem requerer a revisão do preço proposto pelo controlador para a oferta pública de aquisição de ações tendente ao fechamento de capital.

C) A formulação de oferta pública de aquisição de ações com a finalidade de fechamento de capital de companhia aberta deve fundamentar-se em preço justo, apurado com base em critérios estabelecidos pelo CMN.

D) Os administradores de companhia fechada são obrigados a comunicar imediatamente à bolsa de valores, bem como a divulgar pela imprensa qualquer deliberação dos órgãos estatutários que possa influir no mercado de valores mobiliários.

E) Considerando-se que o capital social de uma companhia tem por finalidade integrar a atividade produtiva da sociedade, é obrigatório que esse capital seja formado com contribuições em dinheiro.

Alternativa A: INCORRETA. Esta questão pode ser considerada incorreta se for verificado o art. 1º da lei 6.404/76 "A companhia ou sociedade anônima terá o capital dividido em ações, e a responsabilidade dos sócios ou acionistas será limitada ao preço de emissão das ações subscritas ou adquiridas".

Alternativa B: CORRETA. Conforme o art. 4º da lei 10.303/2001 alterando o art. 3º da lei 6.404/76 a partir de 10% dos acionistas (minoria orgânica) podem requerer aos administradores da companhia que convoquem assembleia especial dos acionistas titulares de ações em circulação no mercado para tratar sobre realização de nova avaliação, mudando ou não o critério, que determine o valor de avaliação da companhia.

Alternativa C: INCORRETA. Entende-se que a questão é incorreta pelo fato de já existirem critérios definidos para avaliação, segundo o art. 4º da lei 10.303/2001, segue texto "O registro de companhia aberta para negociação de ações no mercado somente poderá ser cancelado se a companhia emissora de ações, o acionista controlador ou a sociedade que a controle, direta ou indiretamente, formular oferta pública para adquirir a totalidade das ações em circulação no mercado, por preço justo, ao menos igual ao valor de avaliação da companhia, apurado com base nos critérios, adotados de forma isolada ou combinada, de patrimônio líquido contábil, de patrimônio líquido avaliado a preço de mercado, de fluxo de caixa descontado, de comparação por múltiplos, de cotação das ações no mercado de valores mobiliários, ou com base em outro critério aceito pela Comissão de Valores Mobiliários (CVM), assegurado à revisão do valor da oferta (...)".

Alternativa D: INCORRETA. A obrigatoriedade de divulgação imediata à imprensa e a bolsa de valores deve ocorrer segundo o art. 157 da lei 6.404/76 no seu parágrafo 4º (...) qualquer deliberação da assembleia-geral ou dos órgãos de administração da companhia, ou fato relevante ocorrido nos seus negócios, que possa influir, de modo ponderável, na decisão dos investidores do mercado de vender ou comprar valores mobiliários emitidos pela companhia.

Alternativa E: INCORRETA. O capital social poderá ser formado por qualquer espécie de bem suscetível de avaliação em dinheiro, conforme art. 7º da lei 6.404/76.

**(TÉCNICO BANCÁRIO NOVO - CEF - 2010 - CESPE\UNB - CADERNO LIMA)**

***(Intermediário)*** No que concerne a valores mobiliários, assinale a opção correta.

A) A legislação societária prevê as seguintes modalidades de ações: ordinárias, preferenciais, de fruição e as preferenciais de classe especial, sendo estas de classe especial admitidas nas companhias objeto de desestatização.

B) Com o objetivo de garantir a integridade do capital, a legislação societária somente permite a negociação das ações de companhias abertas depois de realizados 100% do capital subscrito.

C) As ações ordinárias das companhias fechadas, quando forem ao portador, são obrigatoriamente inconversíveis em ações ordinárias nominativas ou endossáveis, uma vez que os valores mobiliários das companhias fechadas não são negociados no mercado.

D) Visando assegurar o exercício pleno dos direitos associados aos valores mobiliários, a legislação societária proíbe que uma ação pertença a mais de uma pessoa.

E) As ações da companhia aberta podem ser emitidas por preço inferior ao seu valor nominal.

Alternativa A: CORRETA. Conforme art. 15 da lei 6.404/76 que trata das espécies e classes as ações podem ser ordinárias, preferenciais ou de fruição. Em 2001 a lei 10.303 adicionou a ação preferencial de classe especial, que é de propriedade exclusiva do ente desestatizante.

Alternativa B: INCORRETA. A lei 6.404/76 em seu art. 263 cita que a CVM poderá expedir normas, porém sem definição de percentual de subscrição do capital.

Alternativa C: INCORRETA. Segundo a art. 16 da lei 6.404/76 as ações ordinárias de companhia fechada poderão ser de classe diversa.

Alternativa D: INCORRETA. Conforme o art. 28 da mesma lei citada anteriormente, a ação é indivisível em relação à companhia, porém quando a mesma pertencer a mais de uma pessoa os direitos por ela conferidos serão exercidos pelo representante do condomínio, ou seja, a ação pode pertencer a mais de uma pessoa.

Alternativa E: INCORRETA. Alternativa está incorreta se verificarmos o art. 13 da lei de sociedades por ações 6.404/76, segue o texto: "É vedada a emissão de ações por preço inferior ao seu valor nominal".

**(TÉCNICO BANCÁRIO NOVO - CEF - 2010 - CESPE\UNB - CADERNO LIMA)**

***(Fácil)*** No que se refere a debêntures, assinale a opção correta.

A) A escritura de emissão de debêntures pressupõe a intervenção de agente fiduciário que não poderá, em nenhuma hipótese, ser instituição financeira.

B) O prazo ou a época para o exercício do direito à conversão deve, necessariamente, constar na escritura de emissão de debênture conversível em ações.

C) A companhia pode emitir debêntures divididas em séries e pode atribuir às debêntures da mesma série valores nominais diferentes e direitos distintos.

D) De natureza jurídica distinta das ações, as debêntures não podem assegurar ao seu titular o direito a prêmio de reembolso.

E) A deliberação sobre emissão de debêntures é matéria de competência privativa da assembleia de debenturistas.

Alternativa A: INCORRETA. A escritura de emissão de debêntures distribuídas ou admitidas à negociação no mercado terá obrigatoriamente a intervenção de um "Agente Fiduciário dos debenturistas", que poderá ser uma pessoa física que atenda aos requisitos para o exercício de cargo em órgão de administração da companhia, ou instituição financeira que tenham por objeto social a administração ou a custódia de bens de terceiros.

Alternativa B: CORRETA. Deve constar na escritura de emissão cláusula permitindo que sejam convertidas em ações ao término de prazo determinado ou a qualquer tempo.

Alternativa C: INCORRETA. A companhia deve pode sim emitir debêntures em séries, porém não podem dar direitos distintos as debêntures da mesma série.

Alternativa D: INCORRETA. O prêmio de reembolso é um ágio pago pela companhia emissora ao investidor em algumas situações - quando a companhia necessita adaptar a rentabilidade da debênture às condições atuais de mercado, por exemplo, ou compensar o debenturista em casos de resgate antecipado, estimular o debenturista a manter os títulos em carteira nas situações de repactuação ou ainda fornecer remuneração adicional ao investidor.

Essa remuneração (ágio) tem por referência a variação da receita ou do lucro da empresa emissora. Porém, não pode ter como base de remuneração a TR, a TBF, TJLP, índice de preços, variação cambial ou qualquer outro referencial baseado em taxa de juros.

Estas normas não se aplicam, entretanto, às debêntures que assegurem como condição de participação no lucro da companhia emissora.

Alternativa E: INCORRETA. A competência para deliberar sobre a emissão de debêntures é privativa da assembleia geral de acionistas, que deverá fixar as condições e critérios da emissão. Entretanto, na companhia aberta, o conselho de administração poderá deliberar sobre a emissão de debêntures não conversíveis em ações, respeitadas as condições estatutárias. Além disso, o estatuto da companhia aberta poderá autorizar o conselho de administração a deliberar sobre emissão de debêntures conversíveis em ações, desde que dentro do limite de capital autorizado e respeitadas as condições estabelecidas em Lei. Uma mesma emissão pode ter várias séries, de forma a adequar o recebimento dos recursos às necessidades da empresa.

**(TÉCNICO BANCÁRIO NOVO – CEF – 2012 - CESGRANRIO – Prova I)**

***(Fácil)*** O mercado de ações pode ser classificado de acordo com o momento da negociação do título. Quando, por exemplo, uma empresa emite novas ações, esse lançamento ocorre no mercado:

A) cambial

B) futuro

C) monetário

D) primário

E) secundário

Alternativa A: INCORRETA. Segundo definição do Banco Central o mercado de câmbio é o ambiente onde se realizam as operações de câmbio entre os agentes autorizados pelo BC e entre estes e seus clientes, seja de forma direta ou por meio de seus correspondentes.

Alternativa B: INCORRETA. No mercado futuro as partes assumem obrigações de comprar (e a contraparte de vender) uma *commodity* em data futura, por um preço negociado e na quantidade e condições determinadas no contrato, conforme Mercado Futuro: conceitos e definições. São Paulo: BM&F 2007.

Alternativa C: INCORRETA. Mercado Monetário é o mercado para realização de financiamento de curto ou curtíssimo prazo, compondo o mercado financeiro. São empréstimos de curto prazo.

Alternativa D: CORRETA. As ações podem ser negociadas no mercado primário ou secundário, porém somente poderá ser considerado mercado primário caso essa ação seja disponibilizada pela empresa, diferentemente do que ocorre no mercado secundário, onde a negociação ocorre entre acionistas. A Oferta Inicial de Ações é um exemplo de negociação no mercado primário, onde a empresa realiza a primeira venda de ações no mercado. Consulte a LEI 6.404\76 que dispõe sobre as Sociedades por Ações.

Alternativa E: INCORRETA. Diferentemente do mercado primário, onde a negociação ocorre entre a empresa e o acionista, o mercado secundário trata das negociações entre acionistas, onde não há a transferência de recursos para a empresa que ofertou as ações no mercado primário.

DICA DO AUTOR: Observe que existe uma diferenciação clara entre mercado primário e secundário, lembre-se que no mercado primário a empresa que ofertou as ações recebe o recurso da venda, as negociações posteriores acontecem entre acionistas, no mercado secundário.

**(TÉCNICO BANCÁRIO NOVO – CEF – 2012 - CESGRANRIO – Prova I)**

***(Fácil)*** A BM&FBOVESPA é uma companhia de capital brasileiro, formada em 2008, a partir da integração das operações da Bolsa de Valores de São Paulo e da Bolsa de Mercadorias & Futuros. Por meio de suas plataformas de negociação, a BM&FBOVESPA, dentre outras atividades, realiza o (a):

A) Registro, a compensação e a liquidação de ativos e valores mobiliários
B) Registro e a compensação de transferências internacionais de recursos
C) Seguro de bens e ativos mobiliários, negociados no mercado
D) Compensação nacional de cheques e a liquidação de outros ativos bancários
E) Intermediação, o registro e a liquidação de transferências interbancárias

Alternativa A: CORRETA. A BM&FBOVESPA é uma companhia que administra mercados organizados de Títulos, Valores Mobiliários e Contratos Derivativos, além de prestar serviços de registro, compensação e liquidação, atuando, principalmente, como contraparte central garantidora da liquidação financeira das operações realizadas em seus ambientes.

Alternativa B: INCORRETA. O registro e a compensação não são realizados pela BM&FBOVESPA conforme pode ser observado na Resolução 3.568/2008 em seu Art. 2º "As autorizações para a prática de operações no mercado de câmbio podem ser concedidas pelo Banco Central do Brasil a bancos múltiplos, bancos comerciais, caixas econômicas, bancos de investimento, bancos de desenvolvimento, bancos de câmbio, sociedades de crédito, financiamento e investimento, sociedades corretoras de títulos e valores mobiliários, sociedades distribuidoras de títulos e valores mobiliários e sociedades corretoras de câmbio".

Alternativa C: INCORRETA. Podemos entender que essa alternativa trata de seguros que são contratados por segurados diretamente com as seguradoras. A definição de seguradoras pelo BACEN é "entidade, constituída sob a forma de sociedade anônima, especializada em pactuar contrato, por meio do qual assume a obrigação de pagar ao contratante (segurado), ou a quem este designar, uma indenização, no caso em que advenha o risco indicado e temido, recebendo, para isso, o prêmio estabelecido".

Alternativa D: INCORRETA. A COMPE liquida as obrigações interbancárias relacionadas com cheques de valor inferior ao VLB-Cheque (R$ 250 mil). Cobrindo todo o território nacional, adota a "truncagem" de cheques na compensação, procedimento que consiste na troca da imagem digitalizada e dos outros registros eletrônicos do cheque, tornando desnecessário o transporte do cheque físico da instituição acolhedora para a instituição sacada (instituição do emissor do cheque).

O Banco do Brasil S.A., executante da COMPE, fornece o apoio necessário ao seu funcionamento, seja para a troca da imagem digital, seja para a compensação eletrônica de todas as obrigações, que inclui os centros de processamento principal e secundário.

Alternativa E: INCORRETA. O Sistema de Pagamentos Brasileiro (SPB) compreende as entidades, os sistemas e os procedimentos relacionados com o processamento e a liquidação de operações de transferência de fundos, de operações com moeda estrangeira ou com ativos financeiros e valores mobiliários. São integrantes do SPB, os serviços de compensação de cheques, de compensação e liquidação de ordens eletrônicas de débito e de crédito, de transferência de fundos e de outros ativos financeiros, de compensação e de liquidação de operações com títulos e valores mobiliários, de compensação e de liquidação de operações realizadas em bolsas de mercadorias e de futuros, e outros, chamados coletivamente de entidades operadoras de Infraestruturas do Mercado Financeiro (IMF). A partir de outubro de 2013, com a edição da Lei 12.865, os arranjos[1] e as instituições de pagamento[2] passaram, também, a integrar o SPB.

DICA DO AUTOR: A atualização necessária nesta assertiva. Conforme A B3 é uma das principais empresas de infraestrutura de mercado financeiro no mundo, com atuação em ambiente de bolsa e de balcão. As atividades incluem criação e administração de sistemas de negociação, compensação, liquidação, depósito e registro para todas as principais classes de ativos, desde ações e títulos de renda fixa corporativa até derivativos de moedas, operações estruturadas e taxas de juro e de commodities. A B3 também opera como contraparte central garantidora para a maior parte das operações realizadas em seus mercados e oferta serviços de central depositária e de central de registro. Possui conselho de administração, conselho fiscal, diretoria estatutária e comitês internos como o de risco e comitê de auditoria. Informação disponibilizada em https://www.b3.com.br/pt_br/b3/institucional/quem-somos/.

**(TÉCNICO BANCÁRIO NOVO – CEF – 2012 - CESGRANRIO – Prova I)**

***(Intermediário)*** As debêntures são títulos de créditos emitidos por sociedades anônimas, tendo por garantia seus ativos. Os direitos e as remunerações oferecidas pelas debêntures são:

A) letras de câmbio, multas e certificados de depósitos bancários
B) letras de câmbio, juros e ações ordinárias
C) participação nos lucros, certificados de depósitos bancários e ações preferenciais
D) juros, participação nos lucros e prêmios de reembolso
E) multas, títulos públicos e ações ordinárias

Alternativa A: INCORRETA. Esta alternativa pode ser considerada incorreta, pois não existe menção aos certificados de depósitos bancários na LEI 6.404/76 que dispõe sobre sociedades por ações.

Alternativa B: INCORRETA. As letras de câmbio não estão dentro dos direitos e remunerações oferecidas aos debenturistas, sendo assegurados juros, participação no lucro e prêmio reembolso.

Alternativa C: INCORRETA. Nesta alternativa podemos identificar o erro ao citar mais uma vez os certificados de depósitos bancários.

Alternativa D: CORRETA. Esta alternativa pode ser verificada no Art. 56 da Lei 6.404/76 que dispõe sobre as Sociedades por Ações, estando descrita sob o seguinte texto: "a debênture poderá assegurar ao seu titular juros, fixos ou variáveis, participação no lucro da companhia e prêmio de reembolso".

Alternativa E: INCORRETA. De acordo com o Art. 57 da Lei 6.404/76 as debêntures poderão ser convertidas em ações: "a debênture poderá ser conversível em ações nas condições constantes da escritura de emissão (...)". No Art. 68 que trata de deveres e atribuições há menção que o agente fiduciário deve definir ações para defender os interesses dos debenturistas, "tomar qualquer providência necessária para que os debenturistas realizem os seus créditos", sem mencionar especificamente multas ou títulos públicos.

**(TÉCNICO BANCÁRIO NOVO – CEF – 2012 - CESGRANRIO – Prova I)**

***(Fácil)*** As sociedades de arrendamento mercantil são constituídas sob a forma de sociedade anônima, devendo constar obrigatoriamente na sua denominação social a expressão "Arrendamento Mercantil". Uma das operações típicas realizadas por essas sociedades é o(a)

*A) leasing*

*B) factoring*

*C) underwriting*

D) câmbio internacional

E) venda de ações

Alternativa A: CORRETA. O *leasing* é um contrato denominado na legislação brasileira como "arrendamento mercantil". As partes desse contrato são denominadas "arrendador" (banco ou sociedade de arrendamento mercantil) e "arrendatário" (cliente). O arrendador adquire o bem escolhido pelo arrendatário, e este o utiliza durante o contrato, mediante o pagamento de uma contraprestação.

O arrendador é, portanto, o proprietário do bem, sendo que a posse e o usufruto, durante a vigência do contrato, são do arrendatário. A operação de arrendamento mercantil assemelha-se a um contrato de aluguel, e pode prever ou não a opção de compra, pelo arrendatário, do bem de propriedade do arrendador.

Alternativa B: INCORRETA. *Factoring* é uma atividade comercial, mista e atípica, que soma prestação de serviços à compra de ativos financeiros.

A operação de *Factoring* é um mecanismo de fomento mercantil que possibilita à empresa fomentada vender seus créditos, gerados por suas vendas a prazo, a uma empresa de *Factoring*. O resultado disso é o recebimento imediato desses créditos futuros, o que aumenta seu poder de negociação, por exemplo, nas compras à vista de matéria-prima, pois a empresa não se descapitaliza.

A *Factoring* também presta serviços à empresa - cliente, em outras áreas administrativas, deixando o empresário com mais tempo e recursos para produzir e vender.

Alternativa C: INCORRETA. É uma operação realizada por uma instituição financeira mediante a qual, sozinha ou organizada em consórcio, subscreve títulos de emissão por parte de uma empresa, para posterior revenda ao mercado. A instituição financeira subscreve somente as sobras da emissão, nos casos em que a lei brasileira assegura aos acionistas o direito de preferência à subscrição das novas ações a serem emitidas, na proporção das ações que possuírem na época.

Alternativa D: INCORRETA. Câmbio é a operação de troca de moeda de um país pela moeda de outro país. Por exemplo, quando um turista brasileiro vai viajar para o exterior e precisa de moeda estrangeira, o agente autorizado pelo Banco Central a operar no mercado de câmbio recebe do turista brasileiro a moeda nacional e lhe entrega (vende) a moeda estrangeira. Já quando um turista estrangeiro quer converter moeda estrangeira em reais, o agente autorizado a operar no mercado de câmbio compra a moeda estrangeira do turista estrangeiro, entregando-lhe os reais correspondentes.

Alternativa E: INCORRETA. As ações são negociadas nas Bolsas de Valores. No Brasil, a compra e venda de ações acontece na Bolsa de Valores (Bovespa). Essas negociações são feitas por meio das corretoras habilitadas pela Comissão de Valores Mobiliários (CVM).

**(TÉCNICO BANCÁRIO NOVO – CEF – 2012 - CESGRANRIO – Prova I)**

***(Fácil)*** As ações constituem títulos representativos da menor fração do capital social de uma empresa, podendo ser classificadas em ordinárias ou preferenciais. As ações ordinárias atribuem ao seu titular:

A) prioridade no recebimento de dividendos
B) prioridade no reembolso do capital, no caso de dissolução da empresa
C) permissão para revenda a qualquer tempo
D) direito de voto na assembleia de acionistas
E) direito de compra de outras ações ordinárias

Alternativa A: INCORRETA. A Lei das S/A permite que uma sociedade emita ações preferenciais, que podem ter seu direito de voto suprimido ou restrito, por disposição do estatuto social da companhia. Em contrapartida, tais ações deverão receber uma vantagem econômica em relação às ações ordinárias.

Alternativa B: INCORRETA. Segundo o artigo 17 da Lei das S/A. As preferências ou vantagens das ações preferenciais podem consistir:

I - em prioridade na distribuição de dividendo, fixo ou mínimo;

II - em prioridade no reembolso do capital, com prêmio ou sem ele; ou

III - na acumulação das preferências e vantagens de que tratam os incisos I e II.

Alternativa C: INCORRETA. Não há na legislação situação que implique na proibição ou que dificulte a negociação das ações ordinárias, mas devemos considerar que a questão trata de atribuição, que neste caso deve ser considerado o que a legislação atribui aos detentores de ações ordinárias.

Alternativa D: CORRETA. Conforme pode ser verificado no Art. 16 da Lei 6.404/76, às ações ordinárias possuem direito de voto em separado para o preenchimento de determinados cargos de órgãos administrativos" em função de sua classe.

Alternativa E: INCORRETA. As ações ordinárias podem ser convertidas em ações preferenciais, porém conforme Lei 6.404/76 que trata sobre sociedades por ações não identificamos situações onde haja direito de compra de outras ações ordinárias.

**(TÉCNICO BANCÁRIO NOVO – CEF – 2012 - CESGRANRIO – Prova I)**

***(Fácil)*** No mercado à vista de ações, ocorre a compra ou a venda de uma determinada quantidade de ações. Quando há a realização do negócio, a operação é liquidada no terceiro dia útil após o fechamento da compra. Nesse mercado, os preços das ações são formados, diretamente, de acordo com a(o):

A) projeção futura de mercado
B) força de oferta e demanda de cada papel
C) probabilidade futura de lucros de cada papel
D) cálculo estatístico de mercado
E) histórico de rentabilidade de cada papel

Alternativas A, C, D e E: INCORRETAS. A Projeção futura de mercado, a probabilidade de lucros, cálculos estatísticos e o histórico podem influenciar no preço da ação, porém a questão trata da formação de preço diretamente no mercado balcão e sua variação ocorre diretamente conforme a oferta e a demanda.

Alternativa B: CORRETA. Segundo BOVESPA "*o preço da ação é formado pelos investidores do mercado que, dando ordens de compra ou venda de ações às Corretoras das quais são clientes, estabelecem o fluxo de oferta e procura de cada papel, fazendo com que se estabeleça o preço justo da ação*".

**(TÉCNICO BANCÁRIO NOVO – CEF – 2012 - CESGRANRIO – Prova I)**

***(Fácil)*** De acordo com a Lei nº 6.404, a companhia pode ser aberta ou fechada. Tal classificação se baseia no fato de os valores mobiliários de sua emissão serem ou não admitidos à negociação no mercado de valores mobiliários. Nesse sentido, uma companhia é considerada aberta quando:

A) seus títulos são emitidos no exterior.

B) seus ativos permanentes são disponibilizados para venda.

C) suas debêntures são emitidas no exterior.

D) suas ações podem ser negociadas na Bolsa de Valores.

E) suas ações não são negociadas no mercado.

Alternativa A: INCORRETA. Não há na referida LEI determinação de que para a companhia ser considerada aberta se a mesma deve emitir títulos no exterior.

Alternativa B: INCORRETA. Os critérios de avaliação de ativo descritos a partir do Art. 183 descrevem a situação de diminuição de valor dos ativos imobilizados e como eles deverão ser registrados, porém não há situação que vincule a necessidade venda de ativos permanentes para a companhia ser considerada aberta.

Alternativa C: INCORRETA. Conforme o Art. 52 da LEI 6.404/76 "a companhia poderá emitir debêntures que conferirão aos seus titulares direito de crédito contra ela (...)", porém não cita a situação de emissão de debêntures no exterior.

Alternativa D: CORRETA. Segundo a LEI 6.404/76 em seu art. 4º (...) "a companhia é aberta ou fechada conforme os valores mobiliários de sua emissão estejam ou não admitidos à negociação no mercado de valores mobiliários".

Alternativa E: INCORRETA. A alternativa anterior cita a possibilidade de emissão de ações no mercado, o que torna esta alternativa incorreta.

**(TÉCNICO BANCÁRIO NOVO – CEF – 2014 – CESPE\UNB – CADERNO AGENCIA)**

***(Fácil)*** As bolsas de mercadorias e futuros têm autonomia financeira, patrimonial e administrativa e são fiscalizadas pela CVM.

Assertiva: CORRETA. Conforme composição do Sistema Financeiro Nacional as Bolsas de Mercadorias e Futuros são associações privadas civis, com o objetivo de efetuar o registro, a compensação e a liquidação, física e financeira, das operações realizadas em pregão ou no sistema eletrônico. Devendo para tanto organizar operacionalizar e desenvolver um mercado transparente, protegendo o agente econômico de influências negativas em suas atividades. Assim entende-se a importância de possuir autonomia financeira, patrimonial e administrativa, porém com fiscalização da CVM.

**(TÉCNICO BANCÁRIO NOVO – CEF – 2014 – CESPE\UNB – CADERNO AGENCIA)**

***(Fácil)*** O mercado primário é aquele em que os investidores, após adquirirem títulos ou valores mobiliários diretamente do emissor, podem negociar e transferir entre si esses ativos, seja no ambiente de bolsa de valores, seja no mercado de balcão organizado.

Assertiva: INCORRETA. A assertiva apresentou o conceito do mercado secundário e não do mercado primário. O mesmo possui como definição a emissão de ações para subscrição pública, no qual a empresa seleciona um intermediário financeiro para colocação de títulos no mercado.

**(TÉCNICO BANCÁRIO NOVO – CEF – 2014 – CESPE\UNB – CADERNO AGENCIA)**

***(Intermediário)*** Debêntures são títulos de dívida de médio e longo prazo, emitidos por sociedades por ações, de capital aberto ou fechado, e utilizados para o financiamento de seus projetos.

Assertiva: CORRETA. Atenção: Empresas de capital aberto podem emitir debêntures, é uma situação bem especifica, a questão é correta. O Banco Central define debênture como "título de crédito originário de um empréstimo contraído por uma empresa, cujos direitos do detentor do papel estão especificados no documento de emissão".

A emissão de debênture acontece para que a empresa, que neste caso deve ser sociedade anônima, possa captar recursos no mercado. O certificado deve conter os direitos do detentor, frente ao emissor.

**(TÉCNICO BANCÁRIO NOVO – CEF – 2014 – CESPE\UNB – CADERNO AGENCIA)**

***(Difícil)*** Em caso de alienação do controle acionário de uma companhia, o acionista adquirente é obrigado a realizar oferta pública de aquisição das demais ações ordinárias e preferenciais, podendo, nesse caso, aplicar um desconto de, no máximo, 10% em relação ao valor pago pelo bloco de controle.

> Assertiva: INCORRETA. O adquirente é obrigado a realizar oferta pública de aquisição apenas das ações ordinárias, podendo nesse caso, aplicar um desconte de, no máximo 20% e não 10% como indica na questão.

**(TÉCNICO BANCÁRIO NOVO – CEF – 2014 – CESPE\UNB – CADERNO AGENCIA)**

***(Fácil)*** As ações preferenciais, embora não deem direito a voto ou restrinjam o exercício desse direito, conferem prioridades na distribuição de dividendos aos seus titulares.

> Assertiva: CORRETA. As ações preferenciais têm a prioridade na distribuição de dividendos, sendo esta sua principal característica.

**(TÉCNICO BANCÁRIO NOVO – CEF – 2014 – CESPE\UNB – CADERNO AGENCIA)**

***(Fácil)*** Uma companhia é considerada fechada se menos de 50% dos valores mobiliários de sua emissão, inclusive as debêntures, são admitidos à negociação no mercado secundário.

> Assertiva: INCORRETA. As companhias fechadas são aquelas que não possuem registro na Comissão de Valores Mobiliários – CVM. Diferente das companhias de capital aberto as ações das empresas de capital fechado não negociam suas ações no mercado balcão, e essa comercialização somente poderá ocorrer de modo particular.

**(TÉCNICO BANCÁRIO NOVO – CEF – 2014 – CESPE\UNB – CADERNO AGENCIA)**

***(Fácil)*** A emissão de títulos públicos pelo Tesouro Nacional é uma operação de mercado primário; a compra e venda desses títulos pelo BCB, como medida de política monetária, é realizada no mercado secundário.

> Assertiva: CORRETA. Lançamentos no mercado primário de títulos públicos são realizados pelo Tesouro Nacional, porém as negociações realizadas pelo BACEN ocorrem no mercado secundário.

**(TÉCNICO BANCÁRIO NOVO – CEF – 2014 – CESPE\UNB – CADERNO AGENCIA)**

***(Fácil)*** A oferta pública de ações para o aumento do capital social de uma companhia de capital aberto é classificada como uma operação de mercado secundário.

Assertiva: INCORRETA. As operações de aumento de capital social são realizadas no mercado primário.

**(TÉCNICO BANCÁRIO NOVO – CEF – 2010 – CESPE\UNB – CADERNO LIMA)**

***(Intermediário)*** A respeito do cheque, assinale a opção correta.

A) A legislação que disciplina o cheque não admite o chamado endosso sem garantia, pelo qual o endossante expressamente se exime da obrigação de pagamento do título em favor do devedor principal.

B) De acordo com a jurisprudência do Superior Tribunal de Justiça, a apresentação antecipada de cheque pré-datado caracteriza dano moral.

C) Na hipótese de insuficiência de fundos do correntista, a legislação atribui ao banco sacado a responsabilidade pelo pagamento do cheque ao credor.

D) O cheque devolvido por falta de fundos na primeira apresentação obriga o banco a incluir seu emitente no cadastro de emitentes de cheques sem fundos.

E) O cheque administrativo, título emitido pelo próprio banco, pode ser emitido ao portador.

Alternativa A: INCORRETA. A emissão é a manifestação de vontade do signatário, que por ela cria o cheque e o entrega a terceiros beneficiários ou o próprio emitente se beneficia. A manifestação se completa pela entrega voluntária do cheque ao beneficiário, o emitente sempre responde pelo pagamento do cheque, mesmo na hipótese que o próprio emitente se colocar como beneficiário do cheque (nominal a ele mesmo), e endossá-lo sem garantia a terceiro, considera-se não escrita a cláusula pela qual ela não garanta o pagamento do cheque (art.15 da lei do cheque). Este tipo de endosso, sem garantia, é costumeiro quando o emitente pretende "emprestar" o seu cheque para uso de terceiro, utiliza-se assim de tal artifício tentando se escusar do pagamento se o mesmo não for efetuado por aquele a quem emprestou.

Alternativa B: CORRETA. De acordo com a súmula 370 do STJ apesar do cheque ser uma ordem de pagamento à vista a sua apresentação antecipada é caracterizada como dano moral, pois viola a boa-fé do contrato entre as partes.

Alternativa C: INCORRETA. Na hipótese de insuficiência de fundos do correntista, o cheque é devolvido pelo motivo 11 e 12 no caso de segunda apresentação e o mesmo não possua saldo.

Alternativa D: INCORRETA. A inclusão do emitente no cadastro de emitentes de cheques sem fundos se dá quando o cheque é devolvido por falta de fundos na segunda apresentação.

Alternativa E: INCORRETA. O cheque administrativo somente pode ser emitido em nome do beneficiário do pagamento.

**(TÉCNICO BANCÁRIO NOVO – CEF – 2012 - CESGRANRIO – Prova I)**

***(Fácil)*** O cheque é considerado pelo Banco Central uma ordem de pagamento à vista e um título de crédito com características peculiares. O cheque cruzado, por exemplo, poderá ser pago somente em forma de:

A) depósito em conta
B) documento de crédito (DOC)
C) saque direto no caixa
D) ordem de pagamento
E) transferência eletrônica direta (TED)

Alternativa A: CORRETA. O cheque poderá trazer o cruzamento geral, onde não há a informação do nome do banco, ou especial quando o nome do banco está entre os traços do cruzamento. Independentemente do tipo o cheque cruzado possui uma única finalidade que é o crédito em conta. Lembre-se também que o cruzamento não poderá ser anulado. Verifique a LEI 7.357 de 1985, capitulo V que trata do cheque cruzado.

Alternativas B, C, D, E: INCORRETAS. Conforme LEI 7.357 não há outra finalidade para o cheque cruzado, independente do tipo de cruzamento.

**(TÉCNICO BANCÁRIO NOVO – CEF – 2014 – CESPE\UNB – CADERNO AGENCIA)**

***(Difícil)*** Em caso de conta corrente conjunta, a emissão de cheque sem a necessária provisão de fundos acarretará a inscrição de todos os titulares da conta no CCF.

Assertiva: INCORRETA. Sempre que for emitido um cheque sem fundos de uma conta corrente conjunta de titulares solidários, ficará registrado o nome e o CPF do titular emitente do cheque, ou seja, daquele que assinar a folha do cheque.

# *INTERNET BANKING, MOBILE BANK* E *OPEN BANKING*

Resolução Conjunta nº 1 da Instrução Normativa BCB nº 35, de 29 de outubro de 2020 e Circular nº 4.015/2020. Principais aspectos para sua prova.

Devem ser de compartilhamento obrigatório de dados sobre os canais de atendimento dos participantes. No caso das dependências próprias, correspondentes no País e canais eletrônicos, assim como outros canais disponíveis. Esses dados precisam abranger, no mínimo, os divulgados na forma de dados abertos conforme a regulamentação em vigor, e atender, no mínimo, o nível de granularidade especificado.

## PRODUTOS E SERVIÇOS

Os campos objeto de compartilhamento de dados de identificação, tarifas, pacotes de serviços disponibilizados, formas de movimentação, termos e condições contratuais, canais disponíveis para abertura e encerramento, público-alvo e forma de remuneração e taxa de rendimento, conforme o caso, para contas de depósito à vista, contas de depósito de poupança e contas de pagamentos pré-pagas, todos obrigatórios.

Os campos objeto de compartilhamento obrigatório para os dados de identificação, programas de benefícios e recompensas, taxas de remuneração, público-alvo e termos e condições contratuais para contas de pagamentos pós-pagas.

## OPERAÇÕES DE CRÉDITO

Trata-se de divulgação obrigatória o acesso aos dados de modalidade, tarifas, taxas de juros remuneratórios, público-alvo, tipo de garantia exigível e termos e condições contratuais para operações de crédito.

## TIPOS DE DEPENDÊNCIAS

A Resolução CMN número 4.072/2012, relaciona os tipos de dependências permitidos para as instituições autorizadas a funcionar pelo BC:

***I*** - Agência;

***II*** - Posto de Atendimento (PA);

***III*** - Posto de Atendimento Eletrônico (PAE); e

***IV*** - Unidade Administrativa Desmembrada (UAD).

## TIPOS DE SERVIÇOS PRESTADOS POR AGÊNCIAS OU POSTOS DE ATENDIMENTO

Lista dos serviços prestados por agências bancárias ou postos de atendimento deve estar alinhada com a estabelecida pela regulamentação aplicável à sua divulgação na forma de dados abertos, discriminando, no mínimo, o seguinte:

*I.* abertura de contas de depósitos ou de pagamento pré-paga;

*II.* saque de moeda em espécie;

*III*. recebimentos, pagamentos de qualquer natureza;

*IV*. transferências eletrônicas visando à movimentação de contas de depósitos ou de pagamento de titularidade de clientes;

*V*. consulta a saldos e extratos de contas de depósitos e de contas de pagamento;

*VI*. aplicações e resgates de investimentos;

*VII*. execução ativa e passiva de ordens de pagamento por solicitação de clientes e usuários;

*VIII*. depósitos de moeda em espécie e de cheques;

*IX*. operações de crédito, bem como outros serviços prestados para o acompanhamento da operação;

*X*. cartão de crédito;

*XI*. seguros;

*XII*. operações de arrendamento mercantil;

*XIII*. abertura de conta de pagamento pós-paga;

*XIV*. compra e venda de moeda estrangeira em espécie;

*XV*. compra e venda de cheque ou cheque de viagem, bem como carga de moeda estrangeira em cartão pré-pago;

*XVI*. compra e venda de ouro;

*XVII*. outros produtos ou serviços.

## TIPOS DE SERVIÇOS PRESTADOS POR CORRESPONDENTES NO PAÍS

A Resolução CMN nº 3.954, de 24 de abril de 2012, relaciona em seu art. 8º as seguintes atividades de atendimento realizadas por correspondentes no País:

*I*. recepção e encaminhamento de propostas de abertura de contas de depósitos à vista, a prazo e de poupança mantidas pela instituição contratante;

*II*. realização de recebimentos, pagamentos e transferências eletrônicas visando à movimentação de contas de depósitos de titularidade de clientes mantidas pela instituição contratante;

*III*. recebimentos e pagamentos de qualquer natureza, e outras atividades decorrentes da execução de contratos e convênios de prestação de serviços mantidos pela instituição contratante com terceiros;

*IV*. execução ativa e passiva de ordens de pagamento cursadas por intermédio da instituição contratante por solicitação de clientes e usuários;

*V*. recepção e encaminhamento de propostas referentes a operações de crédito e de arrendamento mercantil de concessão da instituição contratante;

*VI*. recebimentos e pagamentos relacionados a letras de câmbio de aceite da instituição contratante;

*VIII*. recepção e encaminhamento de propostas de fornecimento de cartões de crédito de responsabilidade da instituição contratante; e

*IX*. realização de operações de câmbio de responsabilidade da instituição contratante.

## PIX

Nova ferramenta utilizada para diversos serviços bancários, onde há disponibilidade de utilização durante todos os dias da semana e em qualquer horário, dentro das limitações estabelecidas. As transações realizadas por este meio de pagamento instantâneo são: pagamentos, transferências, agendar transações e sacar numerário. O consumidor não necessita de cadastro de chave para utilizar a ferramenta.

Conforme orienta o Banco Central qualquer pessoa física ou jurídica que tenha uma conta corrente, conta poupança ou conta de pagamento pré-paga em uma instituição participante do Pix.

O Pix não é um aplicativo específico. Ele deve ser utilizado por meio do aplicativo ou internet banking da instituição financeira na qual o cliente possui conta. O cliente pode digitar manualmente os dados da conta do favorecido, caso a esse não tenha uma Chave Pix. A ferramenta de transferência imediata pode também ser utilizada através de agendamento para uma determinada data futura (Pix agendado). O usuário tem que ter saldo suficiente na data em que a transação foi agendada. Esta funcionalidade é obrigatória para todos os participantes do Pix.

→ Informar a chave Pix de quem você quer pagar, que pode ser CPF/CNPJ, e-mail, telefone celular, ou uma chave aleatória;

→ Ou capturar o *QR Code* com a câmera do seu smartphone para fazer o pagamento;

→ Selecionar a opção "Pix Copia e Cola", para colar o código do *QR Code*.

Não existe um valor limite mínimo para pagamentos ou transferências realizadas com o Pix (informação disponibilizada pelo BC em 05/04/2023). Porém devido à segurança das operações, para contas de PF (pessoa física) há limites máximos pré-definidos de valor para fazer transações:

→ De PF para PF:

- Durante o dia: igual ao limite da TED;

- À noite (após 20h00): R$ 1.000,00.

→ De pessoa física para pessoa jurídica

- Durante o dia ou à noite: igual ao da TED.

Pode ser cadastrado conta ou usuário específico com limite diferenciado. Os limites podem ser alterados pelos clientes, na opção "Meus Limites Pix". A redução é imediata, mas o aumento para além desses parâmetros depende de avaliação da instituição. O aumento do limite é efetivado entre 24 e 48 horas após o pedido.

## *FINTECHS*

Se tratam de "empresas *que introduzem inovações nos mercados financeiros por meio do uso intenso de tecnologia, com potencial para criar novos modelos de negócios. Atuam por meio de plataformas* online *e oferecem serviços digitais inovadores relacionados ao setor*" (BC). As *fintechs* estão regulamentadas desde abril de 2018 pelo Conselho Monetário Nacional (CMN) conforme as Resoluções 4.656 e 4.657.

Existem as categorias de *fintechs*: de crédito, de pagamento, gestão financeira, empréstimo, investimento, financiamento, seguro, negociação de dívidas, câmbio e multisserviços.

O CMN estabelece que são autorizadas a funcionar no país dois tipos de *fintechs* de crédito – para intermediação entre credores e devedores por meio de negociações realizadas em meio eletrônico: a Sociedade de Crédito Direto (SCD) e a Sociedade de Empréstimo entre Pessoas (SEP), cujas operações constarão do Sistema de Informações de Créditos (SCR).

> **DICA DO AUTOR:** A banca não exigirá do candidato os números das resoluções nem das instruções normativas, porém é comum cobrar em um determinado assunto o significado das siglas, por isso atenção para diferenciar SCD, SEP e SCR.

## *SHADOW BANKING*

Conforme o Banco Central a definição de *Shadow Banking* é sistema de intermediação de crédito que envolve atividades e entidades fora do sistema bancário tradicional. O *Financial Stability Board* (FSB) conceitua este como "sistema bancário paralelo pode ser amplamente descrito como uma intermediação de crédito que envolve entidades e atividades fora do sistema bancário regular". Claramente próximos os conceitos, na sua prova lembre da definição do BC, porém como se trata de algo em constante atualização, pode ser apresentado em prova de uma formatação conforme organização internacional.

Envolve riscos tipicamente bancários: alavancagem, transformações de maturidade e de liquidez e transferência de risco de crédito.

Complementar ou concorrente ao sistema bancário. Organismos internacionais têm desenvolvido recomendações para reduzir as oportunidades de arbitragem regulatória e para mitigar a disseminação de riscos.

O BC através de publicações semestrais apresenta os principais resultados de análise sobre o SFN, assim como sobre as atividades desenvolvidas fora do sistema tradicional bancário.

## ATIVOS VIRTUAIS, MOEDAS VIRTUAIS, CRIPTOMOEDAS

A moeda virtual definida como ativo virtual. Seu valor decorre exclusivamente da confiança entre quem adquire e quem emite, e o risco pelas transações com moedas virtuais é exclusivo dessas pessoas.

Não possuem as mesmas características de uma moeda, como o de meio de troca, a reserva de valor e de unidade de conta, porém contam com características de ativo.

Haja vista não possuírem as características de moeda, podemos apresentar definição negativa, ou seja, não são considerados ativos virtuais: a moeda nacional e moedas estrangeiras; a moeda eletrônica, conforme Lei nº 12.865/13; instrumentos que forneçam ao seu titular acesso a produtos ou serviços especificados ou a benefício proveniente desses, a exemplo de pontos e recompensas de programas de fidelidade; e a representações de ativos cuja emissão, escrituração, negociação ou liquidação esteja prevista em lei ou regulamento, a exemplo de valores mobiliários e de ativos financeiros.

## FUNDO DE GARANTIA POR TEMPO DE SERVIÇO FGTS

Conforme a Lei 8.036/1990, Art. 2º, *caput*: O FGTS é constituído pelos saldos das contas vinculadas a que se refere esta lei e outros recursos a ele incorporados, devendo ser aplicados com atualização monetária e juros, de modo a assegurar a cobertura de suas obrigações. O FGTS será regido por normas e diretrizes estabelecidas por um Conselho Curador, composto por representação de trabalhadores, empregadores e órgãos e entidades governamentais, na forma estabelecida pelo Poder Executivo.

Algumas características das contas vinculadas de FGTS:

→ As contas vinculadas em nome dos trabalhadores são absolutamente impenhoráveis;

→ A capitalização dos juros passará a ser feita à taxa de 3 (três) por cento ao ano, até 22/09/1971 era remunerado em:

- 3 (três) por cento, durante os dois primeiros anos de permanência na mesma empresa;

- 4 (quatro) por cento, do terceiro ao quinto ano de permanência na mesma empresa;

- 5 (cinco) por cento, do sexto ao décimo ano de permanência na mesma empresa;

- 6 (seis) por cento, a partir do décimo primeiro ano de permanência na mesma empresa.

→ O saldo das contas vinculadas é garantido pelo Governo Federal, podendo ser instituído seguro especial;

→ O depósito de que trata o caput deste artigo é obrigatório nos casos de afastamento para prestação do serviço militar obrigatório e licença por acidente do trabalho;

**DICA DO AUTOR**: o afastamento do trabalho nem sempre possui obrigatoriedade de recolhimento por parte do empregador. A Lei 8.036 trata apenas das licenças por acidente de trabalho.

→ Empregadores ficam obrigados a depositar, até o vigésimo dia de cada mês, em conta vinculada, a importância correspondente a 8% (oito por cento) da remuneração paga ou devida, no mês anterior, a cada trabalhador, incluídas na remuneração as parcelas de que tratam os arts. 457 e 458 da Consolidação das Leis do Trabalho (CLT), aprovada pelo Decreto-Lei nº 5.452/43, e a Gratificação de Natal de que trata a Lei nº 4.090/62;

→ Os contratos de aprendizagem terão a alíquota reduzida para 2% (dois por cento);

→ As empresas sujeitas ao regime da legislação trabalhista poderão equiparar seus diretores não empregados aos demais trabalhadores sujeitos ao regime do FGTS. Considera-se diretor aquele que exerça cargo de administração previsto em lei, estatuto ou contrato social, independente da denominação do cargo;

**DICA DO AUTOR:** O percentual de recolhimento do menor aprendiz é menor (2%) que dos demais trabalhadores (8%). O depósito realizado pelo empregador mensalmente ocorre em conta vinculada entre o empregador e o trabalhador, não na conta de livre movimentação (conta corrente, por exemplo) do empregado.

→ A extinção do contrato de trabalho deve observar os seguintes critérios, conforme trata art. 19 da Lei 8.036/90:

→ Havendo indenização a ser paga, o empregador, mediante comprovação do pagamento daquela, poderá sacar o saldo dos valores por ele depositados na conta individualizada do trabalhador;

→ Não havendo indenização a ser paga, ou decorrido o prazo prescricional para a reclamação de direitos por parte do trabalhador, o empregador poderá levantar em seu favor o saldo da respectiva conta individualizada, mediante comprovação perante o órgão competente do Ministério do Trabalho e da Previdência Social.

## Movimentação de conta vinculada de FGTS

A conta vinculada do trabalhador no FGTS poderá ser movimentada nas seguintes situações por trabalhador, ou procurador legalmente constituído:

→ Despedida sem justa causa, inclusive a indireta, de culpa recíproca e de força maior;

→ Extinção do contrato de trabalho prevista na Consolidação das Leis do Trabalho (CLT);

→ Extinção total da empresa, fechamento de quaisquer de seus estabelecimentos, filiais ou agências, supressão de parte de suas atividades;

→ Aposentadoria concedida pela Previdência Social;

- Falecimento do trabalhador, sendo o saldo pago a seus dependentes, para esse fim habilitados perante a Previdência Social, segundo o critério adotado para a concessão de pensões por morte;
- Pagamento total ou parcial do preço de aquisição de moradia própria, ou lote urbanizado de interesse social não construído;
- Pagamento de parte das prestações decorrentes de financiamento habitacional concedido no âmbito do Sistema Financeiro da Habitação (SFH);
- Quando o trabalhador permanecer três anos ininterruptos fora do regime do FGTS;
- Extinção normal do contrato a termo, inclusive o dos trabalhadores temporários;
- Suspensão total do trabalho avulso por período igual ou superior a 90 (noventa) dias, comprovada por declaração do sindicato representativo da categoria profissional;
- Quando o trabalhador ou qualquer de seus dependentes for acometido de neoplasia maligna;
- Aplicação em quotas de Fundos Mútuos de Privatização;
- Quando o trabalhador ou qualquer de seus dependentes for portador do vírus HIV;
- Quando o trabalhador ou qualquer de seus dependentes estiver em estágio terminal, em razão de doença grave;

**DICA DO AUTOR:** São inúmeras as possibilidades de movimentação do recurso depositado em conta vinculada de FGTS. Levantamentos mais comuns são rescisão sem justa causa, aposentadoria, aquisição ou amortização de moradia própria.

- → Quando o trabalhador tiver idade igual ou superior a setenta anos;
- → Necessidade pessoal, cuja urgência e gravidade decorra de desastre natural, conforme disposto em regulamento;
- → Trabalhador com deficiência, por prescrição, necessite adquirir órtese ou prótese;
- → Anualmente, no mês de aniversário do trabalhador, por meio da aplicação dos valores constantes;
- → A qualquer tempo, quando seu saldo for inferior a R$ 80,00 (oitenta reais) e não houver ocorrido depósitos ou saques por, no mínimo, 1 (um) ano;
- → Quando o trabalhador ou qualquer de seus dependentes for, nos termos do regulamento, pessoa com doença rara, consideradas doenças raras aquelas assim reconhecidas pelo Ministério da Saúde, que apresentará, em seu sítio na internet, a relação atualizada dessas doenças.

> **DICA DO AUTOR:** As doenças como neoplasia, vírus HIV e situação de saúde onde o portador estiver em estágio terminal cabem atenção do candidato, pois pode ser formulada questão trazendo do acometimento do trabalhador de doença como COVID-19, dengue e zika vírus);

O titular de contas vinculadas do FGTS estará sujeito a somente uma das seguintes sistemáticas de saque: saque-rescisão ou saque-aniversário. Todas as contas do mesmo titular estarão sujeitas à mesma sistemática de saque, conforme prevê o artigo 20 da lei supracitada.

## PROGRAMA DE INTEGRAÇÃO SOCIAL PIS E ABONO SALARIAL

Destinado a promover a integração do empregado na vida e no desenvolvimento das empresas, de acordo com a Lei Complementar 7/1970.

A cobrança no certame sobre o tema PIS deve ocorrer sobre o pagamento de Abono Salarial. Principalmente em relação ao atendimento dos critérios por parte do trabalhador. São eles:

→ Estar cadastrado no PIS/PASEP a pelo menos 5 (cinco) anos;

→ Receber remuneração mensal média de até 2 (dois) salários mínimos durante o ano base;

→ Ter exercido atividade remunerada para Pessoa Jurídica durante período mínimo de 30 dias (não precisam ser consecutivos);

> **DICA DO AUTOR:** observe que determinados trabalhadores não possuem vínculo empregatício com pessoa jurídica, como os empregados domésticos (exemplo: motorista ou jardineiro) e o trabalhador rural.

→ Seus dados devem ser informados pelo empregador Pessoa Jurídica na Relação Anual de Informação Social (RAIS) ou eSocial.

> **DICA DO AUTOR:** Ano base é o ano levado em consideração para o pagamento do abono salarial. Como exemplo podemos citar o trabalhador com vínculo empregatício com pessoa jurídica a partir de 2018, que trabalhou no ano de 2022 ao menos 30 dias, mesmo que não consecutivos, e que receberá o abono salarial correspondente ao número de meses trabalhados no ano de 2024 conforme calendário vigente.

## PROGRAMA SEGURO-DESEMPREGO

Segundo a lei 7.998/1990 a finalidade do Programa Seguro-Desemprego é prover assistência financeira temporária ao trabalhador desempregado em virtude de dispensa sem justa causa, inclusive a indireta, e ao trabalhador comprovadamente resgatado de regime de trabalho forçado ou da condição análoga à de escravo. Auxiliar os trabalhadores na busca ou preservação do emprego, promovendo, para tanto, ações integradas de orientação, recolocação e qualificação profissional.

A dispensa sem justa causa indireta compreende a rescisão do contrato de trabalho por parte do empregado devido a descumprimento do contrato de trabalho. A Consolidação das Leis Trabalhistas (CLT) estabelece em seu Art. 483, §1º: O empregado poderá suspender a prestação dos serviços ou rescindir o contrato, quando tiver de desempenhar obrigações legais, incompatíveis com a continuação do serviço. Importante destacar também a situação de morte por parte do empregador, conforme §2º: No caso de morte do empregador constituído em empresa individual, é facultado ao empregado rescindir o contrato de trabalho.

As ações integradas de orientação e recolocação que trata o programa em questão são coordenadas pelo Sistema nacional de Emprego (SINE) e entre suas funções estão destacadas a divulgação de vagas, o recebimento de currículos, a elaboração de processos seletivos e até a contratação de pessoal. A finalidade principal a implantação de serviços e agências de colocação profissional em todo o País. A oferta de bolsa para formação dos trabalhadores concedida pelo Programa Nacional de Acesso ao Ensino Técnico e Emprego (PRONATEC) considerará, a capacidade de oferta, a reincidência no recebimento do benefício, o nível de escolaridade e a faixa etária do trabalhador.

Caberá ao CODEFAT, por proposta do Ministro de Estado do Trabalho e Emprego (MTE), estabelecer os procedimentos necessários ao recebimento do benefício. Terá direito à percepção do seguro-desemprego o trabalhador dispensado sem justa causa que comprove ter recebido salários de pessoa jurídica ou de pessoa física a ela equiparada, relativos a:

| Solicitação de Seguro-desemprego | Período Considerado | Período de recebimento de salário de PJ ou PF ou equiparada |
|---|---|---|
| 1ª | 18 meses | 12 meses |
| 2ª | 12 meses | 9 meses |
| 3ª e demais solicitações | 6 meses | 6 meses |

Elaborado pelo autor

Para ter acesso ao seguro desemprego o trabalhador não pode estar em gozo de qualquer benefício previdenciário de prestação continuada, previsto no Regulamento dos Benefícios da Previdência Social, excetuado o auxílio-acidente e o auxílio suplementar; não estar em gozo do auxílio-desemprego; não possuir renda própria de qualquer natureza suficiente à sua manutenção e de sua família.

**DICA DO AUTOR:** Não serão em todos os casos em que o trabalhador tiver registrado Pessoa Jurídica que este perderá acesso ao benefício do programa de seguro desemprego. O registro de microempreendedor individual (MEI), não acarreta comprovação de renda própria suficiente à manutenção de sua família, exceto se demonstrado na declaração anual simplificada da microempresa individual.

<table>
<tr><th>Nº de solicitações</th><th>Parcelas Recebidas pelo Empregado</th><th>Período de vínculo empregatício com PJ, ou PF ou equiparada</th></tr>
<tr><td rowspan="2">1ª</td><td>4</td><td>Mínimo de 12 e máximo de 23 meses</td></tr>
<tr><td>5</td><td>Mínimo de 24 meses</td></tr>
<tr><td rowspan="3">2ª</td><td>3</td><td>Mínimo de 9 e máximo de 11 meses</td></tr>
<tr><td>4</td><td>Mínimo de 12 e máximo de 23 meses</td></tr>
<tr><td>5</td><td>Mínimo de 24 meses</td></tr>
<tr><td rowspan="3">A partir da 3ª Solicitação</td><td>3</td><td>Mínimo de 6 meses e máximo de 11 meses</td></tr>
<tr><td>4</td><td>Mínimo de 12 e máximo de 23 meses</td></tr>
<tr><td>5</td><td>Mínimo de 24 meses</td></tr>
</table>

Elaborado pelo autor

**DICA DO AUTOR:** A questão pode mencionar o número de dias trabalhados pelo empregado, desta feita Importante destacar que a fração igual ou superior a 15 (quinze) dias de trabalho será havida como mês integral para o referido cálculo.

## SEGUROS

Garantia de pagamento de indenização ao segurado ou aos seus beneficiários conforme as condições contratuais e as suas respectivas garantias. Podem ser contratados em modalidade individual ou coletiva, sendo que na modalidade coletiva os segurados são representados pelo estipulante com poderes de representação dos segurados perante as seguradoras.

Segundo Decreto-Lei 73/1966, consideram-se operações de seguros privados os seguros de coisas, pessoas, bens, responsabilidades, obrigações, direitos e garantias. O referido decreto dispõe sobre o Sistema Nacional de Seguros Privados, regula as operações de seguros e resseguros.

Lembrando que o seguro desemprego não é enquadrado como seguro de vida conforme o decreto lei 73/1966 em seu art. 3º, § único, ficando excluídos das disposições deste Decreto-lei os seguros do âmbito da Previdência Social, regidos pela legislação especial pertinente. Este mesmo decreto instituiu a Superintendência de Seguros Privados (SUSEP) e o Conselho Nacional de Seguros Privados (CNSP).

## PREVIDÊNCIA

Autorizados e fiscalizados pela SUSEP e conforme Lei Complementar nº 109/2001 os planos de previdência são ofertados sociedades seguradoras, ou também por entidades abertas de previdência complementar. Os planos de previdência geram benefícios de caráter previdenciário possuindo como objetivo renda que complemente os benefícios oferecidos pelo RGPS, o regime geral de previdência social.

O regime de previdência privada, de caráter complementar e organizado de forma autônoma em relação ao regime geral de previdência social, é facultativo, baseado na constituição de reservas que garantam o benefício.

As modalidades de tributação incidente sobre a previdência complementar são divididas entre VGBL e PGBL. Sendo o Vida Gerador de Benefício Livre ou VGBL, onde há incidência de imposto de renda sobre os rendimentos acumulados; e o Plano Gerador de Benefício Livre ou PGBL, o imposto de renda incide sobre o montante total aplicado, ou seja, valor inicial aplicado, aportes mensais, aportes aleatórios e rendimentos. A vantagem pela escolha do PGBL é o fato dos valores recolhidos no ano-calendário podem ser utilizados para abater até 12% dos rendimentos tributáveis com a modalidade que visa gerar renda futura.

## TÍTULO DE CAPITALIZAÇÃO

O conceito de título de capitalização conforme a SUSEP "forma de acumulação de parte do dinheiro aplicado pela qual o consumidor (subscritor) constitui um capital, segundo cláusulas e regras aprovadas e mencionadas no próprio título (condições gerais), que será pago em moeda corrente num prazo máximo estabelecido".

O título também pode oferecer a possibilidade de o subscritor participar de sorteios com premiações, inclusive em espécie. O título de capitalização só pode ser comercializado pelas sociedades de capitalização devidamente autorizadas a funcionar.

**(TÉCNICO BANCÁRIO NOVO – CEF – 2012 - CESGRANRIO – Prova I)**

***(Fácil)*** As Sociedades de Capitalização são entidades constituídas sob a forma de sociedades anônimas, que negociam contratos, denominados títulos de capitalização. Esses títulos têm por objeto a (o):

A) aquisição de ações de empresas privadas, para investimento em longo prazo, com opção de realizar a venda dessas ações a qualquer tempo.

B) compra parcelada de um bem em que um grupo de participantes, organizados por uma empresa administradora, rateia o valor do bem desejado pelos meses de parcelamento.

C) compra de títulos públicos ou privados, mediante depósitos mensais em dinheiro, que serão capitalizados a uma determinada taxa de juros até o final do contrato.

D) investimento em títulos públicos do governo federal, no qual o investidor poderá optar pelo resgate do Fundo de Garantia (FGTS) ou pelo pagamento em dinheiro.

E) depósito periódico de prestações pecuniárias pelo contratante, o qual terá o direito de resgatar parte dos valores corrigidos e de concorrer a sorteios de prêmios em dinheiro.

Alternativa A: INCORRETA. Parte do valor das prestações pecuniárias é utilizada para custear sorteios e despesas administrativas, não sendo utilizado nenhum valor à aquisição de ações.

Alternativa B: INCORRETA. Esta alternativa apresenta o conceito de consórcio, que têm por objetivo o autofinanciamento para aquisição de um bem por um grupo de pessoas físicas ou jurídicas.

Alternativa C: INCORRETA. No título de capitalização não existe aquisição de títulos públicos ou privados, como poderá ser observado no Decreto-lei nº 261 de 28 de fevereiro de 1967 ou CIRCULAR SUSEP Nº 365, de 27 de maio de 2008.

Alternativa D: INCORRETA. Não existe recurso para aquisição de títulos públicos, conforme orientação da alternativa anterior, assim como não atende nenhum critério para a utilização do FGTS, tornando a questão incorreta.

Alternativa E: CORRETA. Segundo a Superintendência de Seguros Privados (SUSEP), o título de capitalização "é um produto em que parte dos pagamentos realizados pelo subscritor é usado para formar um capital, conforme as Condições Gerais do Título e que será pago em moeda corrente num prazo máximo estabelecido. O restante dos valores dos pagamentos é usado para custear os sorteios, quase sempre previstos neste tipo de produto e as despesas administrativas das sociedades de capitalização.

O resgate do título poderá ser do valor total, além da atualização monetária. O capital a ser resgatado origina-se do valor que é constituído pelo título com o decorrer do tempo, o montante que vai sendo formado denomina-se Provisão Matemática, que serve de base de cálculo para o resgate do valor pelo subscritor.

**DICA DO AUTOR:** Observe que no início da questão o autor menciona que "As Sociedades de Capitalização são entidades constituídas sob a forma de sociedades anônimas" o que poderá confundir o candidato, pois a primeira alternativa cita a aquisição de ações de empresas privadas. O candidato também terá dificuldade se fizer a associação do título de capitalização com aquisição ou investimento em títulos públicos ou privados. Observe que a banca organizadora coloca duas alternativas que mencionam a aquisição ou investimento em títulos antes da alternativa correta.

## CONSÓRCIO

Reunião de pessoas naturais e jurídicas em grupo, com prazo de duração e número de cotas previamente determinados, promovida por administradora de consórcio, com a finalidade de propiciar a seus integrantes, de forma isonômica, a aquisição de bens ou serviços, por meio de autofinanciamento.

O grupo de consórcio será representado por sua administradora, em caráter irrevogável e irretratável, ativa ou passivamente, em juízo ou fora dele, na defesa dos direitos e interesses coletivamente considerados e para a execução do contrato de participação em grupo de consórcio, por adesão.

Conforme disposição da Lei 11.795 o interesse do grupo de consórcio prevalece sobre o interesse individual do consorciado. Considera-se constituído o grupo de consórcio com a realização da primeira assembleia, que será designada pela administradora de consórcio quando houver adesões em número e condições suficientes para assegurar a viabilidade econômico-financeira do empreendimento. O grupo deve escolher, na primeira assembleia geral ordinária, até 3 (três) consorciados, que o representarão perante a administradora com a finalidade de acompanhar a regularidade de sua gestão, com mandato igual à duração do grupo, facultada a substituição por decisão da maioria dos consorciados em assembleia geral. No exercício de sua função, os representantes terão, a qualquer tempo, acesso a todos os documentos e demonstrativos pertinentes às operações do grupo, podendo solicitar informações e representar contra a administradora na defesa dos interesses do grupo, perante o órgão regulador e fiscalizador.

A assembleia geral ordinária será realizada na periodicidade prevista no contrato de participação em grupo de consórcio, por adesão, e destina-se a apreciação de contas prestadas pela administradora e a realização de contemplações. A assembleia geral extraordinária será convocada pela administradora, por iniciativa própria ou por solicitação de 30% (trinta por cento) dos consorciados ativos do grupo.

EDITORA
JusPODIVM
www.editorajuspodivm.com.br
RENOVA
GRAF
www.renovagraf.com.br
JUS3472